Design de notícias

Blucher

Coleção Pensando o Design
Coordenação
Marcos Braga

Design de notícias

Ary Moraes

Design de notícias
© 2015 Ary Moraes
Editora Edgard Blücher Ltda.

Blucher

Capa Lara Vollmer
Projeto gráfico Priscila Lena Farias
Diagramação Join Bureau

Ficha Catalográfica

Rua Pedroso Alvarenga, 1245, 4º andar
04531-012 – São Paulo – SP – Brasil
Fax 55 11 3079 2707
Tel 55 11 3078 5366
contato@blucher.com.br
www.blucher.com.br

Segundo Novo Acordo Ortográfico, conforme 5. ed.
do *Vocabulário Ortográfico da Língua Portuguesa*.
Academia Brasileira de Letras, março de 2009.

Moraes, Ary
 Design de notícias / Ary Moraes. — São Paulo:
Blucher, 2015. – (Pensando o design / coordenação
de Marcos Braga)

 Bibliografia
 ISBN 978-85-212-0865-5

 1. Desenho industrial 2. Jornais – Manchetes
3. Jornais – Editoração I. Título. II. Braga, Marcos
III. Série.

Todos os direitos reservados
pela Editora Edgard Blücher Ltda.

14-0719

CDD-745.2

É proibida a reprodução total ou parcial por quaisquer
meios, sem autorização escrita da Editora.

Índices para catálogo sistemático:
1. Desenho industrial

Conteúdo

Prefácio *7*

Introdução *9*

1. Aspectos históricos da página de notícias *13*

1.1 A forma da página de notícias *16*

1.2 A página como produto do desenvolvimento tecnológico *23*

1.3 Os jornais a partir dos anos 1950 *31*

1.4 Forma e função *34*

1.5 O fim do século XX *36*

1.6 O design de jornais como negócio *41*

1.7 Design de jornais *fin-de-siècle* *42*

2. A página de notícias no Brasil *49*

2.1 Os pioneiros da imagem *54*

2.2 O advento do jornalismo comercial no Brasil *57*

2.3 A semana de 22 *59*

2.4 A década de 1950 muda os jornais *60*

2.5 A crise dos anos 1970 *65*

2.6 A greve dos jornalistas e o design dos jornais *66*

2.7 As mudanças no design *69*

2.8 As reações às reformas *73*

2.9 As reformas se espalham pelo Brasil *75*

2.10 O *Correio Braziliense* *80*

2.11 A consolidação do design de notícias no Brasil *84*

3. Questões conceituais relacionadas ao design de notícias *91*

4. O design de notícias *101*

4.1 A pesquisa *101*

4.2 Sobre o tema da cobertura escolhida *104*

4.3 O que a pesquisa revelou quanto aos aspectos gráficos *106*

4.4 Como o design de notícias difere do design de jornais *112*

4.5 Como o design de notícias constrói discursos jornalísticos *118*

4.6 Como o Design se insere no ciclo de produção jornalística *122*

4.7 Aspectos metodológicos do design de notícias *130*

4.8 Considerações quanto aos produtos editoriais digitais *135*

4.9 O design de notícias e seu contexto *137*

Conclusão *141*

Referências bibliográficas *145*

Prefácio

O presente volume é uma ampliação e revisão crítica da tese de doutorado *O design e a forma da notícia,* defendida por Ary Moraes em 2010, no Programa de Pós-graduação em Design da Pontifícia Universidade Católica do Rio de Janeiro – PUC-Rio, sob a orientação da profa. dra. Vera Nojima.

Ary Moraes é formado em Design e Jornalismo, justamente as duas áreas que permeiam o campo de atuação do design de notícias. Trabalhou profissionalmente com infografia e design de notícias em jornais brasileiros e em vários anos recebeu o "Prêmio de Excelência Gráfica" no evento promovido pela Society for News Design. Escreveu textos acadêmicos e profissionais sobre essas duas áreas da comunicação visual, empreendeu um mestrado sobre infografia e em sua tese de doutorado procurou demarcar a existência histórica e epistemológica do design de notícias. Esse último empreendimento, do qual derivou o presente volume, constituiu um estudo que coroou com êxito a trajetória de alguém cujo trabalho colaborou com a configuração desse campo profissional no mercado de trabalho, além de impulsionar as teorias sobre ele no âmbito acadêmico.

O design de notícias se configura como uma área relativamente nova do design visual, que se utiliza de elementos variados da comunicação visual, como a fotografia, e do design informacional, como a infografia, para possibilitar a melhoria da compreensão da notícia jornalística, indo muito além do tradicional design gráfico de jornais impressos. O design de notícias lida com diferentes modalidades de discurso e trabalha hoje com diversas plataformas tecnológicas e comunicacionais de mídias.

O texto de Ary Moraes demonstra o crescimento da importância dessa área do design no cenário da comunicação jornalística dos últimos anos e auxilia no conhecimento de suas características para os que a desconhecem e se interessam por ela e para os que possuem interesse em nela atuar ou que nela já atuam profissionalmente.

A série Pensando o Design cumpre assim um dos seus objetivos ao dar espaço para textos que tragam informação e pesquisa sobre temas diversos do largo espectro de atuação do design contemporâneo.

Marcos da Costa Braga
São Paulo, 2014.

Introdução

No campo do Design[1], os anos 1990 foram marcados pela discussão em torno das mudanças suscitadas pelo advento de novas tecnologias de comunicação e informação. Tais tecnologias gradativamente tomaram a sociedade a partir dos anos 1970, como afirma Castells (1999), modificando protocolos de comunicação e inserindo o cotidiano das pessoas numa rede de relações – sociais, profissionais, comerciais etc. – midiatizada e em crescente expansão. O questionamento dos limites do design gráfico diante desse cenário resultou na reflexão sobre as atribuições do designer nesse novo contexto e da formação necessária para exercê-las.

No âmbito do mercado editorial jornalístico, esse contexto de mudanças no Design resultou no desenvolvimento do que foi denominado *design de notícias*. Este foi tomado a partir de duas posições radicalmente opostas: de um lado, a corrente que o considerava esse design de forma negativa, tomando-o por uma estratégia contingencial de marketing, cujo resultado seria a depreciação do produto causada pela suposta superficialidade que traria a valorização da imagem em detrimento da palavra[2]. De outro, aqueles que identificavam esse design como uma manifestação, no mercado editorial, de mudanças estruturais na sociedade, sobretudo no terreno de suas trocas simbólicas, provocadas pelas referidas novas tecnologias[3]. Para esses, o design de notícias e o produto resultante de sua intervenção seriam reflexos desse cenário.

O livro que o leitor tem diante de si surgiu do confronto entre essas duas correntes, e se insere na linha de pensamento que considera o design de notícias uma manifestação das transformações promovidas na sociedade pelas novas tecnologias. Seu objetivo é conceituar e caracterizar o design de notícias, preenchendo assim uma lacuna quanto a sua epistemologia e contribuindo para uma discussão maior acerca dos limites do Design a partir do referido contexto histórico. Pode

1 No presente trabalho, a palavra *design* aparece grafada de duas formas distintas. Com inicial minúscula, corresponde ao substantivo que designa um de seus sentidos usuais. Quando iniciada por maiúscula, refere-se ao design como campo do conhecimento.

2 Um autor representativo dessa corrente é Kevin G. Barnhurst, cujo pensamento em relação às transformações no design da página de notícias está registrado no texto "Are graphic designers killing newspaper?" (Barnhurst, 1998).

3 Essa linha está relacionada à discussão proposta por Victor Margolin (Margolin, 1994).

ser entendido como um esforço não só de precisar a nomenclatura que tem por finalidade identificar o fenômeno, mas também de compreender e discutir tal fenômeno inserindo-o no campo do Design. Para tanto, procurou responder a uma questão central: existe realmente um design de notícias, ou trata-se de uma ocorrência pontual, limitada à dinâmica interna do jornalismo?

Para responder a essa questão, a hipótese discutida ao longo da pesquisa considerava a existência de um design de notícias, cujo advento estaria historicamente contextualizado no cenário de mudanças (conceituais, gerenciais, tecnológicas etc.) que tomou a produção do objeto jornal impresso a partir do último quarto do século XX, quando se inseriu o designer nas etapas decisórias de sua produção. Tal inserção se manifesta no planejamento e na produção de peças graficamente elaboradas a partir da combinação das linguagens verbal e não verbal, de modo a constituir um só discurso, distinto, com efeito, daquele que o precedeu. Neste, o que podemos associar ao design corresponde à distribuição e organização do material na página, expressando graficamente a hierarquização editorial dos assuntos e a relação entre as peças, completamente subordinada à linguagem verbal, em que o discurso se concentra.

Na afirmação da existência de um design de notícias, está implícita sua distinção com o design que o precedeu historicamente nas páginas de notícias – esse último limitado à dinâmica interna do jornalismo. O modo como essa diferenciação se estabeleceu historicamente aparece descrito no capítulo 1 deste livro e se desdobra na descrição do desenvolvimento histórico da página de notícias no Brasil feita no capítulo 2.

Ambos os capítulos desenvolvem-se a partir do estudo da página de notícias impressa, por ter sido o objeto impresso a primeira manifestação de um jornalismo produzido em fluxo industrial, marcando de tal forma o cotidiano das pessoas que passou a identificar a atividade jornalística, independentemente da mídia utilizada. Uma vez que a página impressa foi tomada como matriz para a página digital, nos primórdios do jornalismo *on-line*, e alguns de seus princípios de organização e edição ainda são utilizados, sobretudo por expressarem um tipo de pensamento que caracteriza o jornalismo, é a partir do estudo dessa relação que as manifestações do jornalismo digital serão consideradas.

Introdução

O jornal impresso está historicamente ligado ao reino da palavra, ou seja, nasceu e se desenvolveu para expressar discursos verbais. Com o advento das novas tecnologias de comunicação – notadamente os computadores pessoais e os sistemas que permitiram a digitalização de imagens e sons, bem como o desenvolvimento das redes de comunicação – e seu contínuo aperfeiçoamento ao longo do último quarto do século XX, instalou-se no mercado editorial jornalístico uma crise entre palavra e imagem no terreno da representação. Essa crise agravou-se nos anos 1990, com a popularização dessas tecnologias e o desenvolvimento de novos aparatos a elas relacionados. O design de notícias é fruto dessa crise, e se insere na discussão acerca do devir do design gráfico nesse contexto. Portanto, estudá-lo é uma forma de contribuir para tal discussão, além de posicioná-lo no campo específico do Design.

Esse posicionamento aparece registrado no capítulo 3, destinado a discutir o Design como campo de conhecimento e estabelecer as bases conceituais que fundamentaram o trabalho que deu origem a este livro, apresentadas de modo a oferecer um roteiro, ou melhor, um mapa dessa reflexão. Tais bases estão relacionadas ao debate ocorrido nos anos 1990 sobre a relação entre o design de notícias e o cenário de transformação que tomava o campo do Design na época, contexto esse discutido por Margolin (1994) a partir da análise do papel do design no terreno da comunicação social – em cujos desdobramentos este livro se inclui. A pesquisa, cujo objetivo foi apontar evidências que confirmassem a existência de um design de notícias e indicassem sua relação com o campo do Design, não será exposta aqui em detalhes.

A distinção entre o design de notícias e aquele que o precedeu será exposta no capítulo 4, pela comparação entre produtos jornalísticos de períodos históricos diferentes. Pelo fato de o design de notícias constituir-se em um fenômeno que se manifesta em diversos países, mantendo linhas comuns, mas preservando aspectos ligados à identidade cultural dos povos, a pesquisa se concentrou em jornais publicados no Brasil, porém completamente inseridos nesse contexto de internacionalização do modelo de jornal. A constatação de que o design de notícias está condicionado ao reposicionamento do Design no fluxo de produção dos jornais e o modo como tal fato repercute na forma do jornal impresso e também digital concluem o capítulo.

Embora o design de notícias seja um fenômeno internacional, que surge quase simultaneamente em partes distintas do mundo, existem aspectos de seu desenvolvimento regional que merecem ser contemplados de forma criteriosa. Tanto o Design como os jornais são espelhos das sociedades nas quais são produzidos, e seu estudo histórico pode revelar dados que colaborem para uma maior compreensão do modo como tais sociedades se constituíram ao longo dos anos.

Por fim, é preciso destacar que este livro corresponde a uma adaptação aos princípios da coleção Pensando o Design e a uma expansão de conteúdo para contemplar também o design dos jornais em suas versões digitais. Os pressupostos teóricos discutidos no livro se aplicam a ambos os formatos (impresso e digital), assim como o fluxo de produção, que teve na duração do ciclo a principal mudança na passagem para o digital. Não foram tratadas no livro questões relativas às tecnologias – *hardware* e *software* – empregadas na produção e publicação de ambas as manifestações de jornais, por conta de seu caráter de constante desenvolvimento, o que restringiria essa reflexão ao torná-la datada. A opção, desde o princípio, foi tratar dos aspectos históricos e metodológicos do design de notícias.

Esta apresentação se encerra com o reconhecimento do apoio dado pelo prof. Marcos da Costa Braga, que, além de acompanhar a pesquisa, se empenhou para publicá-la como parte da coleção. Meus agradecimentos sinceros também aos professores Vera Nojima, Edna Lúcia Cunha Lima, Lucy Niemeyer e André Villas-Boas, pelas inestimáveis contribuições a este trabalho de pesquisa, e também aos colegas professores Amaury Fernandes, Mirella Migliari, Alexandre e Jaqueline Farbiarz, entre tantos outros que contribuíram com seu apoio, assim como fez meu irmão Gabriel. Agradeço ainda a Fábio Salles, Fábio Marra, Mario Kanno, Leo Tavejnhansky, André Hippertt, Janey Costa, Álvaro Duarte, Josemar Gimenez, Octávio Guedes, enfim, a tantos outros colegas de redação pelo apoio, mesmo que a distância. A Ana, Thais, Gabriela, Isabel, minha família, pelo tempo que lhes tomei. Finalmente, agradeço a Deus por ter posto todas essas pessoas em minha vida.

Aspectos históricos da página de notícias

Etimologicamente, a palavra "jornal" deriva do latim *diurnális* e quer dizer "relativo ao dia". Para o dicionário Houaiss, a palavra significa "publicação diária, com notícias sobre o cenário político nacional e internacional, informações sobre todos os ramos do conhecimento, entrevistas, comentários etc.", e teria como sinônimo "diário" ou "periódico" – palavras que refletem seu caráter temporal –, além de "gazeta"[1], reflexo de seu modelo econômico. Em seu *Dicionário de comunicação*, Barbosa e Rabaça oferecem uma definição de jornal mais abrangente no que se refere a seus aspectos físicos e à natureza das mensagens que veicula: "veículo impresso, noticioso e periódico, de tiragem regular, constituído de folhas soltas (geralmente não grampeadas nem coladas) dobradas em um ou mais cadernos" (Barbosa; Rabaça, 2001, p. 43). Enumeram assim aspectos industriais, comerciais e culturais de sua produção, relacionando-a diretamente ao período que se sucedeu à adoção das técnicas de impressão por aqueles que respondiam pela produção de jornais, mais tarde chamados jornalistas.

Na descrição de Barbosa e Rabaça, dois pontos distinguem os jornais de outros objetos impressos no mesmo contexto histórico. O primeiro é a natureza da informação. Noticiosa, versa sobre os fatos correntes que despertam interesse pelo seu ineditismo, pela pouca frequência com que ocorrem ou, ainda, pela relação de proximidade que mantém com a comunidade de leitores. O segundo traço distintivo relaciona-se à forma concreta do objeto, o fato de ser composto por folhas soltas, dobradas, formando cadernos não agrupados na ordem fixa seguida, por exemplo, pelos livros. Esse aspecto está associado a fatores econômicos, pois assim o custo é mais baixo do que nos livros dobrados, cortados, costurados, colados e encadernados na forma do códice. Essa

---

1 Para Rizinni, a gazeta teria surgido no século XV, supostamente em Veneza, quando um correspondente tirou cópia de sua epístola e a vendeu para um terceiro. No século seguinte, os venezianos teriam criado o periódico público, chamando-o *gazzetta*, em razão do nome da moeda pela qual era vendido (Rizinni, 1977).

forma, que se tornou um traço de identificação do jornal, aponta para um modelo econômico de baixo custo de produção, o que, por sua vez, denota um modelo de consumo.

Na forma comercial característica do século XX, o jornal foi desenvolvido para ser barato o suficiente para perecer e ser novamente adquirido no dia seguinte. Ao mesmo tempo, seu conteúdo foi elaborado de modo a motivar e justificar esse ciclo de consumo. Como acontece com qualquer produto da cultura material, seu processo de produção reflete alguns aspectos da sociedade em que se desenvolve. Nesse processo histórico, os jornais assumiram os mais variados formatos, indo dos panfletos efêmeros aos grandes jornais que se estabeleceram como empresas economicamente consolidadas e comercialmente orientadas, sobretudo a partir do século XX. O presente estudo está limitado a esses grandes jornais; eles despertam interesse por corresponder a um modelo de grande tiragem e importância no contexto em que estão inseridos, repercutindo na sociedade, manifestando seus interesses ou dos grupos que a influenciam. Além disso, por seu papel na sociedade e pelo espaço que ocupam no mercado, esses jornais acabam exercendo influência sobre os demais, que, movidos pelas regras da concorrência, procuram imitá-los nas formulações mais elementares. A forma da página de notícias insere-se nesse contexto.

Para compreender o que representa o surgimento do jornal, é importante considerá-lo no contexto do que Briggs e Burke chamam sistema de mídia, ou seja, a interdependência entre os diferentes meios de comunicação de um determinado momento histórico. Para eles,

> pensar em termos de um sistema de mídia significa enfatizar a divisão de trabalho entre os diferentes meios de comunicação disponíveis em um certo lugar e em um determinado tempo, sem esquecer que a velha e a nova mídia podem e realmente coexistem, [...] bem como se complementam (Briggs; Burke, 2004, p. 33).

Em uma sociedade repleta de iletrados como a do século XVI, os versos e o canto de troveiros e jograis, as paredes de igrejas e palácios, além de praças, mercados, festas, cultos e processões, faziam parte do sistema de mídia. Mensagens de naturezas distintas eram transmitidas nesses espaços, segundo sistemas que lhes eram adequados. A arte sacra, por exemplo, ajudava os que não podiam ler as escrituras a conhecer as histórias mais importantes da fé cristã, num sistema em que eram combinadas as narrativas e os sermões dos clérigos (Burke, 2004; Briggs; Burke, 2004). Por outro lado, as dimensões, a ordenação dos elementos e mesmo a perspectiva usada nas pinturas e nos afrescos nas paredes dos palácios serviam para expressar mensagens que consolidavam a ideia de poder e submissão, por meio da posição privilegiada do observador – o rei (Mirzoeff, 2000).

Nesse contexto, as notícias eram transmitidas oralmente em encontros reservados ou em público, na forma de declamações, canções ou jograis. Foi a carta, porém, que deu ao jornalismo sua forma mais frequente durante quase 16 séculos. Foram as folhas manuscritas que primeiro permitiram aos homens transpor os limites — físicos ou não — dos estados. Uma vez nas mãos do destinatário, podiam ser lidas a sós ou em grupo, quando alguém se encarregava de lê-las para uma audiência interessada, mas que não sabia fazê-lo. Rizinni (1977) relata que algumas chegavam a ser copiadas, amplificando seu alcance. Esse jornalismo missivista crescia à medida que aumentava a oferta de papel barato e os serviços postais se desenvolviam, geralmente associados ao estabelecimento de rotas comerciais (Rizinni, 1977; Briggs e Burke, 2004). Buscava-se preservar as notícias ao escrevê-las, evitando distorções cuja ocorrência, pela natureza sobretudo política e econômica das informações, poderia ser desastrosa. Um outro propósito da escrita de notícias era levá-las consigo para desfrutá-las no momento mais oportuno, sozinho ou em grupo. Inventada em 1454, a imprensa de tipos móveis foi utilizada com fins jornalísticos somente cerca de 160 anos depois – o primeiro jornal impresso de que se tem notícia, chamado *Nieuwe Tijdinghen*, data de 1605.

No começo do século XVII, o jornal podia ser encontrado na forma impressa e também na manuscrita. Isso fica claro pela descrição que Roger Chartier (2007) faz desse período na Europa a partir de sua leitura da comédia *The staple of news*, escrita por Ben Jonson em 1631, a qual fazia uma crítica ao comércio de notícias que se iniciava na época. O lucrativo negócio de vender notícias era organizado em etapas: as notícias eram coletadas, avaliadas e, depois, organizadas por grupos temáticos. Lidas em voz alta para os compradores, as que fossem escolhidas eram, então, transcritas à mão. Chartier aponta também o efeito que a introdução da nova tecnologia provocara no público. Em meio à quantidade de notícias disponíveis, o público valorizava as impressas, tomando-as como uma garantia de verdade (Chartier, 2007), o que permitiu que muitos boatos ou histórias infundadas fossem tomados como reais. Por saber das relações extremamente próximas entre os que imprimiam notícias e os que vendiam notícias escritas à mão – muitas vezes, os mesmos indivíduos (Chartier, 2007) –, Jonson não poupa críticas a nenhuma das duas formas de jornal.

The staple of news é uma crítica à então insipiente produção de notícias, seu modo de organização e os objetivos buscados por aqueles que lideravam seu comércio. Jonson enxergara nestes um agudo e pouco virtuoso senso comercial, valendo-se do interesse que os fatos despertavam no público para comercializar seus relatos. Apesar desse caráter mercantil, essa fase ainda se distancia daquela em que o sentido comercial se tornou o motor do jornal, característica esta adquirida com o desenvolvimento da sociedade industrial. Nelson Werneck Sodré comenta essa inserção ao afirmar ser a história da imprensa a "própria história do desenvolvimento da sociedade capitalista"(Sodré, 1999, p. 1). Com isso, quer dizer que o objeto jornal – sua forma, o sistema de produção, a tecnologia e os materiais empregados em sua fabricação – representa essa sociedade em seus diversos momentos históricos.

1.1 A forma da página de notícias

Em sua forma mais elementar, o jornal constitui-se em uma página na qual são inscritas notícias, ou seja, os relatos dos assuntos considerados relevantes para o público ao qual se destina. Entre diversas conceituações[2] existentes, o presente trabalho se apoia no que propõe Rodrigo Alsina a respeito do que vem a ser notícia. Para esse autor, "[...] notícia é uma representação social da realidade cotidiana, gerada institucionalmente e que se manifesta na construção de um mundo possível" (Alsina, 2009, p. 14). Segundo ele, por se tratar de uma representação social, a notícia está inserida num sistema produtivo que engloba, além de sua produção, sua circulação e consumo. O papel da mídia, identificada pelo autor com os

2 Essas teorias foram relacionadas e discutidas por Nelson Traquina em *O estudo do jornalismo no século XX* (Traquina, 2001).

jornalistas ou as empresas jornalísticas, está em gerenciar tais etapas de modo a construir a representação:

> A notícia é gerada numa instituição informativa que pressupõe uma complexa organização. Mas, além disso, o papel da mídia é institucionalizado e tem a legitimidade de gerar a realidade socialmente relevante (Alsina, 2009, p. 14).

Ao afirmar a importância do que denomina sistema produtivo em sua concepção de notícia, o autor a relaciona à produção de discurso: "[...] A notícia é uma produção do discurso e que como tal requer um processo de elaboração textual" (Alsina, 2009, p. 15). Embora Rodrigo Alsina não discuta esse aspecto, nesse processo de elaboração discursiva estão inseridos tanto o design que o presente estudo pretende abordar como as distintas formas que a página de notícias adotou ao longo de sua história.

Baseando-se mais em sua experiência na prática profissional do que na reflexão acadêmica, Kerry Northrup[3], diretor de publicações da World Association of Newspapers and News Publishers (WAN-IFRA), sustenta que a forma da página de notícias estaria ligada ao modo como percebemos e processamos informações:

> [...] O jornal em sua forma e função é resultado direto do modo como a mente humana trabalha. Nós reagimos instintivamente àquilo que é maior, mais alto, mais pesado ou (o) primeiro. Nós naturalmente colamos peças para estabelecer sentido entre elas. E temos uma habilidade inata para discernir (ou extrair) padrões e significados de um grupo de objetos ou de informação (Northrup, 2007, p. 3).

Essa descrição corresponde aos critérios adotados na produção de jornais e que – até hoje – orientam o modo como as notícias são dispostas na página. Ao longo dos anos, essa página de notícias recebeu a influência das transformações na tecnologia empregada em sua produção, sem deixar, porém, que essas transformações tomassem as características que definem sua identidade, como Northrup (2007, p. 3) deixa claro:

> [...] É a apresentação paginada de notícias e anúncios que na verdade define o produto jornal. [...] Um jornal é instantanea-

3 Os trechos incluídos na tese foram extraídos de um editorial assinado por Kerry J. Northrup, publicado na revista da entidade (Northrup, 2007).

mente reconhecido como o que é devido ao modo como a informação é organizada em páginas e ao modo como ela é disposta nessas páginas.

Para Northrup, essa identificação é de tal ordem que o jornal deveria ser tomado como uma *paged media* (mídia paginada), e não mídia impressa, como é considerado. A discussão que ele propõe se desenvolve em um contexto de crise dos grandes jornais nos países industrializados diante do crescimento de mídias eletrônicas, que aponta para a falência do sistema produtivo vigente. O que o autor destaca é o papel das folhas de notícias como manifestação de um determinado tipo de pensamento que surgiu com o advento da Idade Moderna e o desenvolvimento da sociedade industrial. A crise contra a qual Northrup protesta faz parte de um contexto de transformações ainda maiores. Pode-se tomá-la como decorrência da confrontação de dois pensamentos: o que ele defende e identifica com a forma impressa da página de notícias com outro que resulta da introdução de novas tecnologias de comunicação eletrônica no processo de produção editorial jornalístico.

Embora o jornal impresso, em sua origem, faça parte do contexto de transformações que tomou a Europa a partir do século XV, não existe uma maneira única de abordá-lo historicamente, uma vez que os diferentes estados e suas distintas sociedades desenvolveram jornais particulares, com traços peculiares que refletem certa apropriação desse objeto por parte das culturas nacionais. Sendo assim, estas lhes deram características que, apesar de em sua essência reproduzirem um mesmo conceito, são únicas, e ainda possíveis de serem identificadas – como no caso do formato dos jornais europeus. Não há, portanto, uma única história do jornal, mas diversos percursos históricos (Quintero, 1996; Kunczik, 2002; Jeanneney, 1996; Sodré, 1999; Bahia, 1990).

O desenvolvimento da forma da página de notícias foi contemplado em *The form of news: a history*, de Barnhurst e Nerone (2001). Ao se debruçarem sobre os jornais norte-americanos, os autores conseguiram traçar um percurso histórico de sua evolução formal que pode ser aplicado a grande parte dos jornais ocidentais, sobretudo em razão da influência política, econômica, comportamental e cultural exercida pelos Estados Unidos no restante do planeta, especialmente no século XX. Mesmo os jornais europeus, mais antigos e com importantes características individuais, acabaram – uns mais, outros menos – rendendo-se a essa influência, sobretudo a partir dos anos 1990. Nesse contexto, os jornais passaram a ser impressos segundo uma infraestrutura industrial gráfica importada da Europa e de acordo com um modelo de produto e de negócio desenhado nos Estados Unidos. Foi a evolução histórica desse modelo que Barnhurst e Nerone retrataram em seu livro.

Esses dois autores elegeram como objeto os grandes jornais – classificados como *mainframe* por eles –, evitando assim se perder em peculiaridades de jornais não significativos no contexto em que sua pesquisa se desenvolveu. Outro passo metodológico foi a simplificação da abordagem, o que lhes permitiu dividir a história dos jornais em duas grandes fases, tomando por base o Modernismo e sua influência sobre a forma das páginas. Segundo os autores, a primeira fase precederia o movimento e iria de 1780 a 1880; a segunda fase, inserida no Modernismo, se desenvolveria entre 1890 e 1990. A forma dos jornais anteriores a 1780 corresponde ao que Barnhurst e Nerone classificam como *colonial papers* e seriam expressões locais da tradição dos jornais provinciais britânicos. Em geral com tamanho de quatro páginas, esses jornais tratavam de assuntos que interessavam a todas as pessoas, embora não de forma acessível a todos. Tal situação durou até a Revolução Americana (1775-1781), movimento que recebeu a adesão dos jornais e cujo resultado representou a adoção da mediação entre público e informação, modificando assim o papel político dos jornais.

Historiadores do jornalismo norte-americano, Barnhurst e Nerone fazem certa simplificação do Modernismo, adequada para a classificação que propõem em sua empreitada. A importância do movimento, porém, impõe algumas considerações no contexto de um estudo no campo do Design, caso do presente trabalho.

Com a concisão que pede uma descrição panorâmica como a que está em curso, o Modernismo (1880-1940) no Design é identificado como o principal movimento do século XX e pode ser entendido como os reflexos nesse campo de um complexo cruzamento de influências e movimentos artísticos (Cubismo, Surrealismo, Futurismo, Dadaísmo, *De Stijl*, Construtivismo, *Bauhaus*)[4]. Resultado do crescimento da industrialização e urbanização na passagem do século XIX para o XX,

4 A síntese exposta no presente trabalho tem origem nas obras de Bhaskaran (2005), Ambrose e Harris (2009). Para um estudo mais detalhado do movimento no Design, ver Pevsner (1980), Hurlburt (1986), Hollis (1994) e Meggs e Purvis (2009). Em relação ao Brasil, a discussão entre o Modernismo brasileiro e as vanguardas europeias foi desenvolvida por G. C. Lima (1997).

o movimento ganhou impulso pela adoção de suas teorias e princípios na reconstrução da Europa no pós-guerra, entre eles, o uso do design como ferramenta democrática para a transformação social, o reconhecimento da máquina no contexto da produção artística e a promoção do funcionalismo. Para Barnhurst e Nerone, o Modernismo é importante para sua versão da história dos jornais porque responde por mudanças significativas na forma de se apresentar notícias.

O desenvolvimento da ilustração seria, para os autores, o elemento-chave para se entender a mudança em direção ao Modernismo na cultura norte-americana (Barnhurst; Nerone, 2001). Desde sua introdução nos jornais (cerca de 1840), as imagens estavam subordinadas ao texto, ainda a primeira fonte de notícias. No princípio, as imagens foram impressas a partir da combinação de peças de madeira com as matrizes tipográficas de metal. Os blocos de gravação em madeira eram da altura dos tipos e podiam ser travados em uma única matriz de impressão tipográfica[5]. Chamada xilogravura de topo, a técnica utiliza blocos de madeira cortados no sentido horizontal da árvore em pé. Geralmente feita com buril, esse tipo de gravura se vale da direção da fibra, que permite entalhes mais delicados, facilitando a obtenção de traços mais unidos e compactos, simulando o efeito obtido pelo uso de meios-tons (Barbosa; Rabaça, 2001, p. 774). Em um segundo momento, foi utilizado um processo de fotogravura que reproduzia figuras a traço em lâminas de metal para impressão, o que reduziu o custo e o tempo empregados na xilogravura, além de aproximar o resultado final do original. Em meio a essa busca por um processo mais adequado à reprodução tipográfica de imagens, a fotografia foi usada como referência para ilustradores (**figuras 1.1 e 1.2**), que se valiam de seus registros documentais para produzir ilustrações mais fidedignas aos acontecimentos. Segundo Meggs, "durante os anos 1860 e 1870, xilogravuras feitas com base em fotografias passaram a vigorar na comunicação de massa" (Meggs; Purvis, 2009, p. 190).

A fotografia só ganhou as páginas dos jornais quando foi desenvolvido o sistema de retícula para impressão, que se baseava na transformação dos tons contínuos presentes na fotografia em pontos de tamanhos variados, permitindo imprimir as sutis variações de tons presentes na imagem fotográfica e simulando-os pela quantidade de tinta impressa em cada área dessa imagem (Meggs; Purvis, 2009). Desenvolvida por

5   A história da introdução da imagem fotográfica no processo de impressão tipográfica foi magistralmente contada por Meggs e Purvis (2009), cuja obra foi usada como principal fonte para a construção do breve relato apresentado neste trabalho.

Aspectos históricos da página de notícias

Figuras 1.1 e 1.2 – *Freedmen on the Canal Bank at Richmond.*
A fotografia atribuída a Mathew Brady serviu de referência para a ilustração de John Macdonald feita a partir de xilogravura (Meggs e Purvis, 2006, p. 191).

Stephen H. Horgan, uma rústica tela de retícula permitiu imprimir a primeira reprodução de uma fotografia em jornal. *A scene in Shantytown*, uma cena tomada em uma área pobre da cidade, foi publicada pelo *The New York Daily Graphic* em 4 de março de 1880 (**figura 1.3**). A partir daí, a tecnologia foi aperfeiçoada e logo alcançou produção comercial. Se a reprodução xilográfica de ilustrações baseadas em fotografias já havia elevado o patamar da fidedignidade da imagem jornalística, a reprodução de fotografias nas páginas de notícias consolidou esse caráter e impôs outra direção para a ilustração e novos padrões para as páginas, como afirma Meggs:

> À medida que a reprodução fotomecânica substituía as lâminas feitas à mão, os ilustradores ganhavam nova liberdade de expressão. Pouco a pouco, a fotografia monopolizou a documentação factual e impeliu o ilustrador para a fantasia e a ficção. As propriedades texturais e tonais da imagem reticulada mudaram a aparência da página impressa (Meggs; Purvis, 2009, p. 195).

O advento do fotojornalismo – segundo Barbosa e Rabaça (2001), o gênero jornalístico em que o principal elemento informativo é o material fotográfico – impôs uma nova forma

Figura 1.3 – *A scene in Shantytown*.
A primeira fotografia reproduzida em jornal mostrava uma cena estática e distanciava-se dos padrões que o fotojornalismo adotou ao longo do século XX.
Disponível em: <http://miprinting.blogspot.com.br/2011_04_01_archive.html>. Acesso em: 28 jul. 2014.

ao texto, que se voltou para a análise em detrimento da descrição, e estabeleceu uma interação mais complexa entre ilustrações[6] e palavras. A palavra *ilustração* designa tanto fotografias como desenhos, gravuras ou pinturas. Com a consolidação da fotografia nas páginas de notícias, "[...] o contato da população com a realidade, ou seja, com o seu cotidiano, passou a ser profundamente influenciado pelo fotojornalismo" (Munteal; Grandi, 2005, p. 11). A fotografia separou-se das demais imagens utilizadas em jornais por "[...] reproduzir um fragmento da realidade e tornar aquele fato crível para o leitor" (Munteal; Grandi, 2005, p. 11). As outras categorias de ilustração jornalística continuaram a ser publicadas com o objetivo de esclarecer ou comentar os assuntos tratados nos textos a elas relacionados, enfatizando seu caráter interpretativo, no primeiro caso, ou opinativo, no segundo.

Para Barnhurst e Nerone, além da ilustração, o Modernismo alterou a forma dos jornais no que concerne ao uso da tipografia em relação à imagem do texto, aos sistemas de departamentalização e hierarquia, assim como ao processo de produção (Barnhurst; Nerone, 2001). Enquanto esses au-

---

[6] A rigor, as imagens publicadas na página de notícias são todas ilustrações. A fotografia, porém, acabou por construir um percurso próprio, e recebeu, em jornalismo, a denominação "fotojornalismo", separando-se assim da ilustração, que continuou a englobar os demais gêneros: charges, caricaturas, cartuns, vinhetas, quadrinhos etc. Os gráficos e diagramas estão incluídos na categoria infografia, como exposto em minha dissertação de mestrado (Moraes, 1998).

tores enfatizam a forma do jornal, os aspectos comerciais do objeto jornal – especialmente no que se refere aos objetivos de sua produção industrial – são contemplados por Eric Hobsbawn em *A era das revoluções*, obra sobre as revoluções que transformaram a Europa no último quarto do século XVIII. Ao discorrer sobre elas, Hobsbawn perpassa o desenvolvimento do que denomina "jornal moderno", situando seu surgimento na França, ao confrontar os modelos dos jornais britânicos e franceses da primeira metade do século XIX:

> Na Grã-Bretanha, a imprensa ainda era um veículo de instrução, de invectiva e de pressão política. Foi na França que Emile Girardin, em 1836, fundou o jornal moderno – *La Presse* – político e barato, objetivando a acumulação de renda com anúncios e escrito de maneira atraente para seus leitores através da fofoca, das novelas seriadas e de outras várias proezas (Hobsbawn, 2007, p. 258).

Hobsbawn destaca o advento do modelo de jornal comercialmente orientado, que se tornou hegemônico com o desenvolvimento da sociedade industrial. Segundo Barnhurst e Nerone, foi esse modelo que adotou, no século XX, o chamado vocabulário visual do Modernismo e contribuiu para o desenvolvimento da indústria gráfica e das tecnologias a ela relacionadas, na medida em que as técnicas da publicidade – que crescia paralelamente à urbanização e ao comércio voltado para as massas – provocavam a demanda por essa tecnologia específica (Barnhurst; Nerone, 2001). Esse processo de transformação tecnológica alimentada pelo desenvolvimento da publicidade diante do crescimento da população urbana possibilitou aos jornais chegarem, na virada do século XX para o XXI, à forma como ficariam conhecidos e identificados.

1.2 A página como produto do desenvolvimento tecnológico

Roger Chartier indicou o momento histórico do surgimento da forma mais conhecida do objeto jornal, situando-o cerca de 150 anos antes do limite traçado por Barnhurst e Nerone (2001):

> É em 1620 que são publicados, em Amsterdã e Londres, os primeiros periódicos em língua inglesa em formato de coranto.

O termo traduz o título dos primeiros jornais em língua neerlandesa (data de 1618 o mais antigo *courant* holandês conservado) e designa uma gazeta em formato *infolio*, impressa frente e verso em uma única folha. Em 1622, vários impressores londrinos propõem outra fórmula, os *newsbooks* (cadernos de notícias), compostos por dois ou três cadernos *in-quarto* e constituídos em séries, em que cada publicação leva uma data e um número de ordem (Chartier, 2007, p. 135-136).

O trabalho gráfico que tornava possíveis essas formas era semelhante ao do livro, porém com uma peculiaridade: jornalista e tipógrafo se misturavam em uma só pessoa. Nesse período, já existiam traços na direção de uma organização da produção, como observou Rafael Cardoso Denis em relação aos impressos do século XV: "Objetos fabricados em série por meios mecânicos com etapas distintas de projeto e execução, e ainda uma perfeita padronização do produto final" (Denis, 2000, p. 17). Com o século XVIII, a Revolução Industrial alcançou as páginas dos jornais a partir de seus desdobramentos, sobretudo no que diz respeito à urbanização e à gradual modernização do aparelhamento tecnológico dos jornais. Em 1702, nesse contexto, surgiu o primeiro jornal diário londrino, o *Daily Courant* (**figura 1.4**). Na Inglaterra, os editores de jornais logo desvincularam a forma dos diários impressos à do livro, abandonando o formato *in-octavo* e empregando elementos gráficos com funções editoriais jornalísticas semelhantes àquelas utilizadas ainda hoje – como títulos ou fios. É uma atitude projetiva, que manifesta a resposta dada pelos editores britânicos à necessidade de distinguir os dois produtos impressos, como descreve Morison (1996, p. 207).

> Um livro é composto tendo em vista que será lido com atenção. [...] O jornal deve ser diagramado tendo em vista que será lido com atenção. Além disso, um livro é composto para uma leitura consecutiva, e o jornal, não: a natureza da página do livro é homogênea, a do jornal, heterogênea. Por conseguinte, os parágrafos de notícias que relatam ocorrências do mais variado caráter exigem uma diagramação diferente da dos parágrafos consecutivos num livro.

Figura 1.4 – *Daily Courant*, o primeiro jornal diário inglês.
No formato coranto, a forma do jornal gradualmente se separa da forma do livro, inclusive quanto à periodicidade: a leitura de notícias torna-se um hábito cotidiano.

Disponível em: <http://gallery.nen.gov.uk/asset653976_13780-.html>. Acesso em: 28 jul. 2014.

Enquanto isso, na França, a forma do jornal impresso seguiu outro rumo, em meio ao contexto das crises que levariam o país à Revolução de 1789. Como mostra o estudo feito por Popkin acerca do jornalismo francês do período revolucionário, os jornais dessa fase caracterizavam-se pela semelhança com os panfletos, expressa pela escolha do mesmo formato *in-octavo*, mais familiar aos gráficos e adequado às condições tecnológicas das gráficas de então, além de ser "[...] a escolha natural para os [...] empreendimentos que [...] não foram concebidos como periódicos permanentes, mas como panfletos de notícias para descrever os eventos extraordinários em torno da queda da Bastilha" (Popkin, 1996, p. 208).

A forma no modelo inglês acabou por influenciar os pares em outras regiões do continente e também no Novo Mundo, especialmente nas colônias inglesas da América do Norte, onde a história dos jornais se confunde com o movimento de independência (1776), para o qual contribuíram decisivamente. A essa contribuição, Barnhurst e Nerone (2001) associam a formação do que identificam como "aura de santidade" dos jornais perante a população. Para eles, a forma que identifica a folha de notícias está ligada ao papel que lhe foi dado nesse processo: ser o espaço onde deve transcorrer o debate democrático. Nesse sentido, é possível afirmar que a forma heterogênea – nos termos de Morison (1996) – dos jornais manifesta a pluralidade inerente ao debate, ao contrário da forma linear e homogênea do livro.

Estreitamente ligada ao desenvolvimento do capitalismo, como afirma Sodré (1999), essa página heterogênea de notícias também faz parte do sistema de mídia da sociedade construída a partir dos eventos inscritos nos períodos históricos relacionados à Revolução Industrial e à Revolução Francesa (Briggs; Burke, 2004). Tal sociedade foi denominada Sociedade Industrial e definida por Bell como "[...] uma sociedade produtora de bens" (*apud* Kumar, 1997, p. 21). O jornal, um desses bens, teve sua forma modificada pela introdução das tecnologias desenvolvidas no período em sua cadeia de produção. É importante destacar que o jornal também contribuiu para o desenvolvimento dessas tecnologias, sobretudo no ramo da indústria gráfica, na medida em que seu crescimento incentivou o desenvolvimento das pesquisas que deram origem às referidas tecnologias.

No século XIX, ocorreram as mudanças mais significativas no processo de produção dos diários impressos até então, sobretudo se abordados do ponto de vista do Design. A primeira, relacionada à capacidade de impressão, teve início quando o jornal londrino *The Times* colocou em operação a primeira impressora a vapor (1814). Segundo Meggs e Purvis (2009), as duas impressoras de cilindros duplos a vapor, desenvolvidas por Koenig e compradas pelo jornal, faziam 1.100 impressos por hora em folhas de 90 x 56 cm, o que permitiu aos jornais do período aumentar sua tiragem média de 35 mil para 200 mil exemplares. Em 1827, o mesmo jornal encomendou a Cowper e Applegath, uma impressora de quatro cilindros que imprimia 4 mil folhas por hora, frente e verso.

Em meados do século XIX, os jornais já podiam imprimir 25 mil cópias por hora, mas estavam limitados a oito páginas por conta da composição tipográfica, ainda manual.

Esse limite caiu em 1886, quando Mergenthaler criou uma máquina de composição tipográfica, a linotipo. Essa tecnologia permitia a composição e a fundição de caracteres de chumbo formando linhas inteiras que, depois de resfriadas, eram reunidas às demais. Outra vantagem estava na possibilidade de reutilização do chumbo. Tais mudanças significaram a ampliação da velocidade de produção e do alcance do meio, que acompanhava o crescimento das cidades em seu processo de urbanização. Tanto na Europa como nos Estados Unidos, tal processo aparece como uma das consequências do desenvolvimento das sociedades urbano-industriais, caracterizado pela "[...] melhoria dos meios de transporte e de comunicação, melhoria nos padrões de vida, generalização da instrução letrada, elevação do nível cultural da população etc." (Ribeiro, 2007, p. 37).

O advento do telégrafo nos anos 1830 é a segunda mudança a merecer destaque no processo de produção de jornais. Embora Briggs e Burke (2004) tenham relatado seu impacto na sociedade no minucioso estudo que desenvolveram sobre a história social das mídias, foi Hobsbawn quem melhor traduziu seus efeitos na forma das páginas dos jornais, ao citar Julius Reuter:

> O telégrafo transformou a notícia [...] do ponto de vista jornalístico, a Idade Média terminou em 1860, quando as notícias internacionais passaram a poder ser enviadas livremente de um número suficientemente grande de lugares no mundo para atingir a mesa do café da manhã no dia seguinte. As notícias não eram mais medidas em dias ou, no caso de lugares remotos, em semanas ou meses, mas em horas ou mesmo em minutos (Reuters *apud* Hobsbawn, 1996, p. 95).

Hobsbawn é preciso em sua descrição ao mostrar como o telégrafo ampliou o alcance da cobertura dos jornais, rompendo os limites que a circunscreviam em um perímetro próximo à sua área de produção. Ao fazer menção ao tempo, Hobsbawn refere-se ao lapso entre o fato e o relato do fato nas páginas (a notícia). Uma notícia internacional demorava, no mínimo, o tempo necessário para se cobrir fisicamente a distância entre o local onde ocorrera o fato que lhe dera origem e o local onde seria redigida e impressa. A redução desse lapso está inserida no encolhimento do mundo que as tecnologias desenvolvidas nesse século – em especial, as ferrovias, às quais os cabos telegráficos foram ligados – propiciaram. A nova forma da página de notícias deveria acomodar essa transformação, sendo, portanto, multifacetada, incluindo relatos de origens diversas e rompendo com a forma predominantemente linear dos livros. O mundo em meados do século XIX era o mundo do crescimento da empresa capitalista, baseado no avanço tecnológico e industrial. A folha de notícias impressa a vapor e trazendo informações recentes, "frescas", de diversas partes do mundo era o jornal dessa sociedade, cuja tecnologia permitia diminuir o tamanho do mundo.

A terceira mudança significativa no processo de produção jornalístico corresponde à introdução, por volta de 1880, da fotografia na página de notícias. O surgimento da fotografia coincide com o período histórico de grandes descobertas científicas que ensejaram os avanços tecnológicos implementados pelo processo de industrialização e seus desdobramentos. A fotografia estabeleceu mudanças no modo como a sociedade lidava com a representação. Em um trabalho sobre o estereoscópio datado de 1859, Oliver Wendell Holmes sentenciou: "A forma está, daqui por diante, divorciada da matéria" (*apud* Gunning, 2004). Gunning discute essas transformações destacando a mobilidade que a fotografia inaugurou, separando-se definitivamente de seu referente e estabelecendo o que considera ser um novo sistema de troca: "Como a circulação moderna de moeda, a fotografia aboliu as barreiras de espaço e transformou objetos em simulacros transportáveis" (Gunning, 2004, p. 36). Tal sistema baseia-se na precisão da fotografia em manter os registros de seu referente – o elemento real ou imaginário ao qual remete o signo, no caso, a foto –, estabelecendo, assim, um vínculo até então inédito. Para Gunning, sua capacidade de indexação, ou seja, de apontar, de remeter a outro elemento (o referente),

> [...] deriva do fato de que, desde que uma fotografia resulta da exposição a uma entidade preexistente, ela mostra diretamente a marca da entidade e pode, portanto, fornecer evidência sobre o objeto que retrata; seu aspecto icônico, pelo qual produz uma semelhança direta com seu objeto, o que permite reconheci-

mento imediato, e sua natureza separável, o que lhe permite referir-se a um objeto ausente estando separada dele em espaço e tempo (Gunning, 2004, p. 38).

Esse sistema de troca foi reproduzido na página de notícias a princípio, dada a impossibilidade tecnológica da impressão de fotos, pela publicação de gravuras desenhadas a partir de originais fotográficos e, com o advento, em 1880, da tecnologia que permitiu a impressão do meio-tom para jornais, pela reprodução das fotografias nas páginas. Essa capacidade de indexação da fotografia alterou de forma definitiva o relato inerente à página de notícias, posto que o novo enunciado em que a fotografia se constituiu, se por um lado se dissociava de seu referente, por outro o aproximava do público como nunca antes outro tipo de representação impressa o fizera. Essa aproximação foi descrita por Gisèle Freund a partir da metáfora de uma janela que então se abria para o mundo:

> Até então, o homem comum só podia visualizar os acontecimentos que ocorriam à sua volta, na sua rua, na sua cidade. Com a fotografia se abre uma janela para o mundo. O rosto dos personagens públicos, os acontecimentos que têm lugar em um mesmo país e além das fronteiras se tornam familiares. Ao ampliar o campo de visão, o mundo se encolhe (Freund *apud* Guran, 2004, p. 12).

Construída até aqui com base na combinação dos elementos tipográficos – tipos, fios, colunas etc. –, a forma da página passou a contar em sua sintaxe com os novos elementos obtidos pela tecnologia fotográfica. O contraste do preto com o branco foi suavizado pelos tons de cinza – conhecidos como *grisées*[7] até a última década do século XX –, que logo ocuparam boxes de texto ou foram usados ora para dar profundidade ao espaço bidimensional da página impressa, ora para separar suas distintas áreas, contribuindo para expressar a hierarquização dos assuntos nas páginas jornalísticas. Foi na administração desses elementos que Barnhurst e Nerone (2001) identificaram o que consideram ser a contribuição do Modernismo para a construção da forma pela qual ficou conhecida a página de notícias.

Para eles, o advento da ilustração – pelo processo xilográfico – por volta de 1840 havia quebrado a hegemonia do texto

7 A palavra vem de "cinza" em francês e significa, em produção gráfica, o efeito de meio-tom obtido por meio de retículas.

nas páginas, impondo um novo protocolo para a leitura, agora "ventilada" pelo espaço das ilustrações. Barnhurst e Nerone (2001) relacionam o jornalismo ilustrado na segunda metade do século XIX à manutenção do que identificam como "*ethos* republicano*", uma vez que se dedica a contar as histórias do ponto de vista do observador, exercendo essa função no lugar dos leitores, ou seja, representando-os (Barnhurst; Nerone, 2001, p. 18). O pretenso realismo da fotografia impôs um novo regime ao jornalismo, não apenas por tirar da ilustração algumas de suas responsabilidades narrativas, ao superá-las tecnicamente junto aos leitores, mas por alterar também a forma dos textos. A análise das notícias passou a dominar o relato verbal, assim como outros aspectos do fazer jornalístico que se adequaram melhor ao fotojornalismo que ao jornalismo ilustrado. O jornal moderno impôs a ideia de objetividade e valorizou a *expertise*, tornando o relato menos pessoal e mais profissional, no que foi endossado pelo caráter imediato, objetivo e realista do fotojornalismo. "O jornalista e o fotojornalista modernos se tornaram *experts*, não mais autores" (Barnhurst; Nerone, 2001, p. 19).

A referida valorização do *expert* em detrimento do autor reflete aspectos ligados ao positivismo, com o qual coincide historicamente e ao qual a objetividade jornalística estaria ligada, como afirma Muniz Sodré (2009, p. 31):

> O jornalismo incorpora o senso comum sobre os fatos, mas principalmente um senso moldado pelo positivismo, doutrina cujo auge coincide com a ascensão prestigiosa da imprensa burguesa. A elaboração histórica da ideia de "objetividade jornalística" – segundo a qual o jornalismo deveria funcionar como uma espécie de espelho do mundo real – é também uma doutrina, de caráter profissional-industrial, apenas sem garantias acadêmicas, como é o caso do positivismo.

Por ser, em sua essência, a reprodução por meios físico-químicos de um ente real e por ser percebida e caracterizada como tal, a fotografia na página de notícias de certa maneira endossaria o conhecimento derivado da experiência sensível – o empirismo, que teria influenciado o positivismo – por representar, ela mesma, essa experiência sensível partilhada pelos leitores. Ao fazê-lo, o fotojornalismo carrega consigo o texto, que não pode contradizê-la. É uma mudança radical na forma do jornal.

1.3 Os jornais a partir dos anos 1950

Até os anos 1970, o jornalismo impresso cresceu impulsionado, entre outros fatores, pelas tecnologias da litografia *offset* (1904), mais tarde pelo *offset* em quatro cores (1930), pela fotocomposição (1945), pelas fotocopiadoras (1959), enfim, recursos que, gradualmente combinados, favoreceram a produção e elevaram a tiragem para a casa dos milhões de exemplares, além de proporcionarem o uso de cores na impressão e a produção de peças gráficas sofisticadas em menor espaço de tempo. Essas modificações, se por um lado aumentaram os custos de produção, por outro atraíram investimentos publicitários que injetaram o capital necessário para financiar o processo, fortalecendo uma relação de dependência comercial que não mais abandonaria a produção jornalística.

As novas tecnologias influenciaram o fazer jornalístico não apenas ao oferecerem imagens de qualidade cada vez maior – como a fotografia – ou favorecerem a apropriação dos resultados de outros sistemas semióticos – como o cinema ou a arte sequencial –, mas também por terem imposto novos parâmetros de produção. O jornal deixara a produção artesanal para assumir a produção industrial em larga escala, que deveria ocorrer de modo a preservá-lo em um de seus atributos mais caros: o tempo. Estratégias foram desenvolvidas com esse objetivo, o que interferiu na forma da página de notícias. Por exemplo, para aproveitar o material produzido pelas agências de notícias, a forma da paginação deveria permitir a rápida substituição de fotos e textos atualizados que chegavam via telégrafo, telex ou fax; assim como a própria forma do texto deveria permitir o aproveitamento desse material, descartando as construções elaboradas que então aproximavam o texto jornalístico da literatura. A divisão do espaço em seções e a construção do texto na forma de "pirâmide invertida" – em que as informações principais do assunto são dispostas no começo do texto, compondo o que veio a se chamar *lead* – inserem-se nesse esforço de aproveitamento.

Essa construção do texto também se relaciona com a objetividade jornalística, obedecendo à regra de apresentar as informações mais relevantes logo em seu início, de modo a responder *quem* fez, *o que* foi feito, e *quando, como, onde, por que* fez. Muniz Sodré descreve o texto jornalístico como uma reconstrução do fato com o objetivo de comunicá-lo a um determinado público, para isso valendo-se de uma fórmula retórica,

> [...] cuja origem remonta tanto às regras do debate sofístico quanto a um recurso mnemotécnico [...], que consiste em responder às perguntas básicas dos *elementa narrationis* – *quis, quid, quibus auxiliis, quomodo, quando, ubi, cur*, isto é, *quem, o que, como, quando, onde* e *por quê* (Sodré, 2009, p. 24).

O mesmo Sodré, porém, alerta para o fato de que essa construção do texto responde menos a critérios lógico-argumentativos do que a razões comerciais:

> A notícia é mesmo uma forma incipiente da "economia da atenção". [...] É assim um produto [...] cuja identidade mercadológica se configura a partir de meados do século XIX, no momento de transição do *publicismo* ou "jornalismo de opinião" (caracterizado pela produção artesanal, pela periodicidade irregular e por textos fortemente polêmicos) para a "imprensa comercial", organizada em bases industriais, logo voltada para um público massivo, suscetível de sustentar grandes tiragens e assegurar lucro (Sodré, 2009, p. 25).

Essa forma dada ao texto jornalístico implicava também uma mudança conceitual do produto jornal impresso, cuja produção passou a obedecer a regras industriais, como afirma Sodré, mas também cuja forma passou a ser regida por critérios mercadológicos, como afirma Ribeiro: "As novas técnicas estavam associadas a uma certa aceleração da vida moderna, que implicava uma nova racionalidade tanto da produção quanto do consumo da notícia" (Ribeiro, 2007, p. 223). Essa mudança conceitual se refletiu no design das páginas de notícias.

O século XX alterou a posição do Design no processo de produção dos diários. Até então, o desenho das páginas – ou seja, seu *layout*, a distribuição dos elementos no espaço da página – era uma das atribuições do secretário de redação, que determinava as diretrizes gerais e deixava sua execução a cargo do paginador, que lhes dava forma nas oficinas. É importante destacar a separação física das duas etapas (planejamento e execução), que se dava em partes distintas das dependências do jornal – redação e oficina. Não havia um parâmetro para a distribuição dos assuntos na página ou pelas páginas da edição; eles eram dispostos do modo que melhor aprouvesse aos editores, enquanto a tipografia variava em função do tamanho das matérias, sendo comuns problemas de espaço.

Em meados do século XX, foi introduzida uma nova etapa no processo, denominada "diagramação": segundo parâmetros gráficos próprios do veículo e a orientação editorial do editor, o profissional denominado *diagramador* indicava em um diagrama (uma folha de papel do tamanho da página do jornal, dividida em colunas e linhas) o lugar de cada elemento que viria a compor a página – títulos, subtítulos, fotos, ilustrações, fios etc. – com base em critérios de hierarquização editorial. Os assuntos passaram a ocupar determinada posição na edição, compondo o que seriam as editorias ou seções, cujo número podia variar de acordo com o veículo. A paginação continuou a existir nas oficinas, só que limitada à rígida execução dos diagramas das páginas (esse processo foi contemplado por diversos autores, entre eles, Ribeiro, 2007, e Bahia, 1990).

A utilização da diagramação pode ser tomada como prenúncio da introdução do design no processo de produção dos jornais ocorrida no fim do século XX, por ser ela uma etapa de definição dos aspectos gráficos da página, estreitamente ligada à sua produção. Um compêndio de autoria de Francisco Cantero sobre as técnicas da imprensa, publicado em 1959, torna isso explícito. Ao falar da introdução da diagramação no processo, Cantero a compara com a técnica anterior, artesanal, destacando suas atribuições projetivas, embora empregue para as duas o mesmo substantivo, "esboço":

> Diagramar é, portanto, a operação de preparar-se o esboço, em papel especialmente impresso para essa finalidade, da disposição em que devem ser colocadas, dentro das ramas tipográficas, as matérias redatoriais, os anúncios, clichês etc., determinando-lhe, ao mesmo tempo, através de anotações feitas nos próprios originais, os tipos, corpos, medidas, filetes de enfeite e dimensões das ilustrações empregadas em cada caso.
>
> Esse processo de paginação veio completar o antigo sistema, usado embora para casos excepcionais, o qual se resumia apenas em fazer um esboço, puro e simples, em papel branco [...]. O esboço, já por demais conhecido dentro do sistema jornalístico, apenas indica a disposição em que devem ser coloca-

das as várias espécies de materiais que fazem parte da estruturação das páginas, sem proceder-se, entretanto, ao cálculo exato das matérias, da seleção rigorosa dos tipos e medidas para composição e da completa segurança do controle sobre o volume de originais necessário para completar-se uma publicação ou parte desta (Cantero, 1959, p. 50).

Os diagramadores entram no sistema de produção de jornais com a função de executar a distribuição gráfica dos elementos na página, mas somente isso. Sobre eles, Cantero faz uma comparação que os aproxima dos designers, embora o autor não cite o termo "design" em nenhum momento[8]:

> Os diagramadores desempenham, nas redações, função equivalente aos arquitetos-construtores, com a diferença de que, em vez de desenharem plantas e estruturas de prédios, sua atividade é toda ela exercida no preparo de páginas de jornais e revistas, determinando os materiais que devem ser empregados com o fim de que as mesmas se apresentem com os princípios definidos de proporção, simetria e estética tipográfica (Cantero, 1959, p. 51).

1.4 Forma e função

A preocupação com a organização funcional do material na página, que coincide historicamente com a valorização da diagramação, pode ser identificada como a manifestação nas páginas de notícias da preocupação com a funcionalidade do Design. As variações tipográficas em uma mesma página teriam por função indicar o valor editorial de cada elemento nela, mapeando-os de modo a facilitar a identificação por parte do leitor, assim como favorecer a própria leitura. Em outras palavras, fazer a intermediação entre o leitor e o conteúdo veiculado nas páginas.

Uma vez inserida na produção, a diagramação evoluiu a partir da identificação de demandas específicas da edição jornalística. Nos Estados Unidos, essa evolução foi conduzida a partir do trabalho de Edmund C. Arnold (1913-2007), considerado o "pai" do moderno design de jornais. Como designer, nos anos 1950 Arnold introduziu padrões tipográficos mais flexíveis diante dos rígidos *layouts* dos jornais da época, antecipando algumas vigorosas formas gráficas que seriam características dos jornais na virada do século XXI. Num cenário

---

8 É possível que essa omissão se dê por conta do contexto histórico em que Cantero produz seu trabalho. *Arte e técnica da imprensa moderna* foi publicado em 1959, época que corresponde à emergência institucional do Design no Brasil. Esse contexto, bem como o advento do Design no país, pode ser mais bem entendido a partir da discussão proposta por Niemeyer (1997).

marcado pela verticalidade das páginas dos jornais, Arnold desenvolveu *layouts* horizontais e também modulares, além de ser pioneiro no uso de elementos gráficos para guiar o deslocamento do leitor pela página de notícias. Autor de projetos de design ou redesign para centenas de jornais nos Estados Unidos, disseminou suas propostas em publicações voltadas para a indústria gráfica, além dos diversos cursos que ministrou em redações e universidades do país. Isso tudo fez de Arnold o mentor da geração que implantou as mudanças no design de jornais que tomariam curso no último quarto do século XX.

Nesse sentido, sua maior contribuição foi a defesa do envolvimento de designers no centro de decisões da edição das páginas. Até então, os aspectos gráficos eram tratados pelos editores diretamente com o pessoal das oficinas (compositores, impressores etc.) na etapa de pré-impressão dos jornais. Arnold preconizava o trabalho de planejamento que contemplasse o design como um dos elementos indispensáveis para o desenvolvimento da página de notícias. Sobre sua importância, afirmou: "Você pode ter o melhor texto do mundo, mas ainda precisará atrair as pessoas para ler esse texto" (Arnold, 2000, p. 37, c. 1). Para ele, o design desenvolvido a partir de critérios de edição jornalística faria esse papel, como resumiu em uma indagação retórica:

> Onde se sentam o editor de imagem ou o editor de fotografia ou o editor de arte? Essa é uma discussão tremenda e é menos trivial do que parece porque não se trata de saber onde fica a mesa de trabalho dessas pessoas, mas sim qual o seu lugar no processo de produção (Arnold, 2000, p. 37, c. 2).

Embora tivesse sido inventado em 1903[9], o *offset* só foi adotado pela maioria dos jornais no princípio dos anos 1970, quando a redução dos custos e do tempo de produção o tornou interessante para o negócio. A adoção desse sistema favoreceu o design de jornais, uma vez que representou a introdução de uma cultura gráfica mais sofisticada, próxima das agências de publicidade e das revistas, mais familiarizadas com o Design. A qualidade da impressão ampliou as possibilidades de aplicação de ilustrações e, sobretudo, de fotografias. Além disso, o novo sistema favoreceu o desenvolvimento ou a melhoria dos suplementos especiais, capazes de atender a públicos específicos – mulheres, jovens, recém-formados etc.

9 Segundo Yolanda Zappaterra (2008), nesse ano foram feitas as primeiras impressões obtidas pelo sistema, simultaneamente nos Estados Unidos, com Ira Washington Rubel, e na Alemanha, com Caspar Hermann. As operações em escala mundial com esse sistema de impressão começariam em 1971.

– e de atrair mais anunciantes para o meio jornal. Em alguns lugares, essa transformação possibilitou a produção de revistas desenvolvidas pelos jornais e encartadas em suas edições. No fim dos anos 1970, os jornais haviam se tornado produtos culturais bastante complexos e cada vez mais distintos de suas versões anteriores.

1.5 O fim do século XX

No último quarto do século XX, as empresas jornalísticas experimentaram uma crise, provocada por uma conjugação de fatores de naturezas distintas que se manifestaram em vários aspectos da produção jornalística e foram agravados pela dispersão do público por novos e antigos meios e práticas de comunicação, diminuindo a circulação de jornais em algumas regiões. Tal contexto mudou o foco de interesse dos investidores e fez os recursos financeiros que abasteciam os jornais se deslocarem para a televisão (Marcondes Filho, 2002) e, a partir de meados dos anos 1990, para a promissora mídia digital, meios de maior alcance. Esse contexto está relacionado ao advento do que Manuel Castells (1999) chama "Revolução Tecnológica", descrita como o desenvolvimento de um sistema econômico, ideológico e político caracterizado pela tecnologia como matéria-prima, pela penetrabilidade dos efeitos das novas tecnologias, pela lógica das redes, pela flexibilidade e pela convergência das redes para a criação de um sistema altamente integrado. Embora a ideia de "revolução" seja questionada por alguns, posto que não modificou a base do sistema produtivo ou introduziu uma nova tecnologia que o fizesse – como acontecera na Revolução Industrial –, o período representou a modificação do *modus operandi* de algumas atividades, entre elas, o design associado ao jornalismo.

Paralelamente, o lançamento de computadores e *softwares* que substituíram as complexas linguagens de programação pela acessibilidade de interfaces visuais, sobretudo quanto ao trabalho gráfico (Apple Macintosh, 1984), de sistemas de editoração eletrônica (Apple Desktop Publishing System, 1986), além de programas de edição de imagens (Adobe Photoshop, 1990; Adobe Illustrator, 1987; Macromedia Freehand, 1988, entre outros) e paginação (QuarkXpress, 1987), alterou de modo significativo o fluxo de produção ao eliminar algumas de suas etapas e encurtar a distância entre as pontas do processo. Os produtos impressos, entre eles os jornais, experimentaram então outras possibilidades para a forma de suas páginas, manifestas em peças gráficas extremamente sofisticadas que ganharam as páginas gradualmente, combinando tipografia, fotografias e ilustrações potencializadas pela impressão em cores.

A imagem (em cores) já ocupava um espaço significativo na sociedade do fim do século XX, que passara pelas experiências estéticas do Modernismo e convivia com os diversos movimentos estéticos que ocuparam o cenário cultural, além dos efeitos que a popularização da televisão, do cinema e das revistas ilustradas provocara em seu interior. Diante desse quadro, o jornal, ainda impresso em preto e branco, vivia uma crise, assim como o texto jornalístico, que cedia espaço à imagem, num processo descrito por Ciro Marcondes Filho como contrário à tradição verbal que caracterizava o jornalismo até então:

> O fascínio da imagem [...] passa a ditar a hierarquia da comunicação: primeiro uma cena tecnicamente perfeita; depois, um texto, uma narrativa, uma notícia. [...] A precedência da imagem sobre o texto muda a importância da matéria escrita e a submete a leis mais impressionantes e aleatórias: a aparência e a dinamicidade da página é que se tornam agora decisivas [...] dentro dessa mesma nova orientação do jornalismo, assuntos associados [...] ao imageticamente impressionante ganham mais espaço no noticiário (Marcondes Filho, 2002, p. 31).

Esse contexto de valorização da imagem leva o Design, que já se fazia presente nas páginas de notícias, a assumir um papel de maior destaque na produção jornalística. Em 5 de abril de 1971, o jornal norte-americano *Minneapolis Tribune* chega às bancas redesenhado pelo designer britânico Frank Arris (**figuras 1.5 e 1.6**), rompendo com os padrões hegemônicos de até então, que mantinham os jornais com a mesma aparência desde a Segunda Guerra[10]. De acordo com O'Donnell,

> [...] Arris trouxe o design moderno [*sic*], com sua ênfase na funcionalidade e na racionalidade, para um meio visual que havia atolado no século XVIII. Sua sensibilidade estava alinhada com a filosofia da Bauhaus, que preconizava envolver a indústria e os meios de produção de massa (O'Donnell, 2009, p. 46, c. 1).

10 A reforma empreendida por Arris foi descrita por Michael O'Donnell em um artigo que tem o sugestivo título de *Design comes to the newsroom* ["O design chega à redação"] (O'Donnell, 2009. p. 40-49).

Figuras 1.5 e 1.6 – O *Minneapolis Tribune* antes e depois da reforma gráfica conduzida por Arris.
O jornal abandona a forma tradicional da primeira metade do século XX, abrindo espaços para o branco da página e para outras formas tipográficas para o meio.
Disponível em: <http://courseweb.stthomas.edu/mjodonnell/cojo350/reading/ariss/design_2009_2.html>. Acesso em: 29 jul. 2014.

Estruturado segundo um *grid* consistente e com uma tipografia que não só o diferenciava dos demais, mas aperfeiçoava a produção, o jornal norte-americano deu início a uma sequência de reformas editoriais que buscavam uma espécie de *aggiornamento* dos jornais em relação ao contexto histórico em transformação, inaugurando no país o "Alto Modernismo", segundo Barnhurst e Nerone (2001, p. 210) – um exagero retórico dos autores, historicamente discutível,

Aspectos históricos da página de notícias

porém possivelmente feito com o objetivo de acentuar a ruptura com a forma estabelecida dos jornais. A publicação despertou o debate em torno dos limites formais do jornal impresso e inspirou outros designers ligados ao sistema produtivo jornalístico a lançarem mão de um vocabulário visual pouco frequente naquele meio.

Entrara em curso o que Louis Silverstein, editor-assistente do *New York Times* no começo da década de 1980, classificou como uma "revolução nos jornais", fruto, segundo ele, da conjugação de três fatores que aconteciam simultaneamente naquele contexto:

> A *primeira* é a revolução tecnológica – o computador, a composição a frio e todo o resto.
>
> A *segunda* é a expansão de nossa ideia a respeito de como deve ser um jornal: adaptado a um mercado em transformação e altamente disputado; dialogando com um mundo onde as expectativas visuais estão crescendo – com Beethoven nas camisetas e Gloria Vanderbilt nas costas dos jeans – para não falar na televisão em cores.
>
> A *terceira* força é a descoberta tardia da utilidade do designer profissional feita pelos jornais. Estes são o último grande meio a descobrir e usar diretores de arte ou designers profissionais (Silverstein, 1980, p. 11, c. 1-2).

Silverstein aponta claramente para a entrada em cena, no terreno dos diários impressos, de um profissional (e, consequentemente, de uma cultura profissional) já familiar naquela altura à publicidade e às outras mídias visuais (cinema, televisão, revistas).

Em 1978, o American Press Institute (API) realizou um seminário sobre design de jornais que teve como um de seus resultados práticos a criação da associação dos designers de jornais, formalmente instituída no ano seguinte e denominada Society of Newspaper Design (SND). Na década seguinte, as páginas jornalísticas produzidas com base em projetos de Design ganharam projeção com o lançamento do diário norte-americano *USA Today*, em 15 de setembro de 1982[11], considerado um marco por reunir uma série de novas tecnologias (ou tecnologias ainda não experimentadas nos diários impressos) na confecção de um modelo de jornal inovador pelo modo de produção, que combinava essas tecnologias à

11 Disponível em: <http://www.news wise.com/articles/school-of-commu nication-celebrates-usatodays-25th-anniversary>.

impressão em cores em gráficas espalhadas pelo país, o que permitia a distribuição em praticamente todo o território norte-americano. Colorido e repleto de imagens, o *USA Today* contrastava com o cinza característico de seus pares, associado à sobriedade inerente ao papel cívico dos jornais até então[12]. Além disso, seus textos curtos e objetivos o aproximavam mais da TV que de seus pares. Tão marcante era essa relação com a TV que a campanha de lançamento do novo diário o anunciava como "o primeiro jornal moderno para leitores que cresceram como espectadores" – *"the first modern newspaper for readers that grew up as viewers"* (Lupton; Miller, 2000, p. 144).

O *USA Today* foi a síntese de um conjunto de mudanças em curso nos jornais e revistas e também nas TVs no fim dos anos 1970, as quais o jornal reuniu e amplificou. As edições do anuário com as melhores peças de design de jornais organizado pela SND confirmam que já havia uma busca por novas formas para os jornais que destacavam a imagem nas páginas. As edições publicadas entre 1978 e 1982, ano de lançamento do diário, já atestam o uso de ilustrações coloridas em grandes dimensões, o emprego da tipografia fora dos limites de hierarquização característicos do meio jornal, ou ainda o uso de infográficos – característicos dos jornais a partir dos anos 1990, cuja origem muitas vezes é equivocadamente atribuída ao *USA Today*.

A infografia consiste em uma combinação de texto e imagem com o objetivo de esclarecer ao leitor assuntos cuja complexidade ultrapassa os limites do repertório das pessoas comuns. A palavra vem do espanhol *infografía*, que, por sua vez, é o resultado da contração do inglês *information graphics* (*infographics*). De maneira sucinta, significa informação gráfica ou ainda gráficos informativos. A expressão pode ser entendida se tomada no contexto do jornalismo impresso norte-americano, no qual o substantivo *graphics* pode ser relacionado a uma infinidade de elementos visuais. O adjetivo *information* limita-lhe o sentido: gráfico que expressa uma informação necessária para contextualizar o leitor em relação a determinado assunto complexo, portanto, de natureza diferente daquela veiculada por cartuns, quadrinhos, caricaturas ou demais ilustrações, predominantemente opinativa[13].

12 Disponível em: <http://www.nytimes.com/learning/general/onthisday/big/0128.html>.
<http://www.foothill.edu/print_arts/lectures/media_culture/>.
13 Sobre infografia, ver Moraes (1998).

1.6 O design de jornais como negócio

O *USA Today* teve o mérito de mostrar a possibilidade de outra forma para os jornais, que não aquela consagrada e estabelecida no século XVII. O lançamento do diário deu impulso à discussão acerca do uso da imagem na construção de discursos jornalísticos, assim como do predomínio da linguagem verbal nesse terreno. Para que a área da página destinada às imagens fosse maior, era preciso reduzir a área destinada aos textos, o que implicou em uma mudança na forma de escrever, tornando os textos mais curtos e diretos. Paralelamente a isso, a apropriação de parte de suas propostas pela concorrência, dentro e fora dos Estados Unidos, deu início a uma série de projetos de reformulação gráfica e editorial dos jornais, que se espalharam rapidamente. Esse contexto favoreceu o desenvolvimento de um setor da economia ligado aos jornais: as consultorias em design (editorial) jornalístico, responsáveis pelos projetos de reformulação gráfica e editorial – chamados *redesign*.

Fenômeno no âmbito do jornalismo dos anos 1990, as consultorias se multiplicaram, impulsionadas pelos seminários e cursos promovidos pela SND ou pelas associações de empresas jornalísticas, estas as maiores interessadas nos projetos por razões eminentemente comerciais. Fazer um processo de redesign significava atualizar o produto (o jornal) em relação ao mercado, o que representava a aquisição de equipamentos (*hardwares* e *softwares*, especialmente); o reaparelhamento do parque gráfico; o treinamento ou a eventual substituição de pessoal; a reorganização da empresa, em alguns casos, e o redesenho do fluxo de produção em todos eles; além de investimentos em publicidade e marketing. O custo dessa empreitada seria dividido com novos anunciantes e parceiros comerciais interessados em atingir o público do jornal – este, a grande moeda de troca nessa relação comercial.

A grande contribuição das consultorias nesse contexto foi a introdução e o incentivo ao trabalho de designers no interior do processo de produção jornalístico. Até os anos 1980, a organização dos elementos na página de notícias respondia a critérios de departamentalização e hierarquização vinculados à linguagem verbal, mesmo em seus aspectos gráficos. Apesar de algumas iniciativas bem-sucedidas, como as páginas do *Allentown Morning Call*, *Chicago Tribune* e *Orange County*

Register (e do contemporâneo *Jornal da Tarde* e, 25 anos antes, do *Jornal do Brasil*), propostas gráficas que se afastassem do necessário para dispor textos e fotografias na página eram relativizadas. Não havia a prática de confiar as decisões de aspectos gráficos e visuais a um profissional que não fosse de texto ou oriundo da tradição verbal que permeava todos os espaços da produção jornalística. Jornal era, antes de tudo, a palavra escrita, o "preto no branco"; Design era coisa de revista. Não é por acaso que sua introdução no processo de produção de jornais coincide com o que foi identificado, no cenário dos anos 1990, como a sua "revistização".

A partir dos últimos 20 anos do século XX, o Design gradualmente passou a fazer parte de modo mais incisivo nesse processo de produção. Como a indústria e as associações de empresas jornalísticas[14] seguiram as associações profissionais (como a SND) e também passaram a premiar o "bom design" de jornais – que, em última análise, refletia a boa política editorial da empresa –, conferindo distinções que aproximavam o produto agraciado do ideal de atualização em relação a tecnologias, comportamentos e tendências, logo desenvolver o design passou a significar qualificar o jornal.

1.7 Design de jornais *fin-de-siècle*

Nos anos 1990, o centro dos estudos em jornalismo visual foi Pamplona, Espanha, nas dependências da Universidad de Navarra. Após 36 anos de governo franquista, o país retomava o caminho democrático, tendo diante de si a tarefa de erguer a economia, uma das mais pobres de uma Europa que caminhava para a unificação. Os jornais também buscavam um novo modelo e, para tanto, empreenderam esforços de capacitação técnica e atualização profissional, sobretudo visando aos Jogos de Barcelona, em 1992. Os Jogos foram decisivos para o desenvolvimento da Universidad de Navarra como centro de estudos na área. Em 1988, a universidade sediou um seminário internacional sobre design jornalístico, no qual os espanhóis foram apresentados aos gráficos informativos. Eles foram batizados então como *infografía*, e sua utilização se disseminou pelo país. Em 1989, foi lançado em Madri *El Mundo*, jornal voltado à nova classe média que se formava. Com Mario Tascón dirigindo o departamento de infografia – uma novidade no fluxo de produção –, o jornal se tornou

14 As mais importantes no contexto do presente trabalho são a WAN, API e ANJ, esta última no que se refere ao Brasil.

Aspectos históricos da página de notícias

referência na área. Como a imprensa espanhola se renovava, os jornais que surgiam experimentavam certa liberdade para inovar ou incorporar novas propostas, como foi o caso. Os infográficos espanhóis se consagraram mundialmente ao lado do sofisticado design tipográfico que desenvolveram para jornais.

A infografia já havia tido destaque na cobertura da Primeira Guerra do Golfo (1991), quando a falta de registros fotográficos, provocada pelo controle militar sobre a imprensa em um primeiro momento da guerra, fez espaços generosos das páginas serem ocupados por infográficos, que representaram uma forma concreta de utilização do design como discurso jornalístico. Porém, foram os Jogos Olímpicos de Barcelona que difundiram esse recurso. A experiência adquirida em sua produção serviu para as consultorias espanholas ancoradas na Universidade de Navarra se expandirem sobretudo pela América Latina e, a seguir, pelos países em desenvolvimento da Europa e da Ásia. Essa expansão representou o estabelecimento de um modelo hegemônico de jornal, apresentado pelas consultorias como uma solução para as questões relativas ao futuro dos jornais diante do cenário de crise.

Com o estabelecimento do uso comercial da internet (1991-1992) e o advento dos jornais *on-line* (1995), os designers se voltaram para o desenvolvimento das páginas digitais de notícias e de seu fluxo de produção, que deveria assimilar as novas tecnologias e suas constantes atualizações, além de integrar-se à produção dos impressos, sem prejuízo de qualquer natureza. Em 1997, os designers filiados à SND adotaram para seu trabalho (e para si) a denominação *design de notícias*. Existem razões conjunturais para essa mudança. Em meados dos anos 1990, os designers que atuavam em jornais já haviam passado por um momento de crise quando da irreversível adoção dos meios de editoração eletrônica pelas empresas jornalísticas, que teve início nos anos 1980. A abrangência de sua área de atuação passou a ser ditada pelo domínio dos *softwares* de editoração e ilustração, o que afastou muitos profissionais da grande imprensa, sobretudo em lugares onde essa tecnologia não estava acessível. Ao se verem diante de um novo processo irreversível de transição tecnológica, ditado pela adoção de uma nova tecnologia, o passo natural desses profissionais foi "migrar" para essa nova tecnologia – acompanhando, assim, um movimento facilmente observável em outros campos profissionais. O congresso anual da SND de 1997, realizado em San Diego,

Califórnia, evento que oficializou a mudança no nome da instituição para Society for News Design, teve como lema uma sugestiva afirmação: *"evolve or die"* ["evolua ou morra"], o que reflete essa situação em toda sua abrangência.

Também em 1997, o *New York Times* decidiu publicar fotos em cores em sua primeira página, encerrando um debate que se arrastava por pouco mais de uma década. Ao contrário do que ocorreu em outros periódicos, que tinham dificuldades em arcar com os altos custos da impressão (diária) em cores, a demora na adoção da cor não se deu por razões financeiras, já que eram publicadas imagens em cor nas páginas internas desde os anos 1980. A questão era simbólica. Ao resistir a imprimir sua primeira página em cores, o jornal questionava a legitimidade disso para o (bom) jornalismo, uma vez que a impressão em cores fora popularizada por veículos cuja qualidade era questionada, como o *USA Today* (Bagdikian, 1993), ou estava inserida no conjunto de ações de marketing – em que alguns situavam a valorização do design – que tomaram as páginas de notícias naquela década (ver Dizard, 1998). O jornalismo estava no contraste objetivo representado pelo preto e branco, mesmo nas fotos e ilustrações, sistema esse já estabelecido e partilhado com os leitores. Nesse sentido, a cor desvirtuava o veículo, afastando-o de seus valores mais preciosos.

Contudo, a introdução da cor nos jornais também corresponde a uma demanda comercial. Assim como ocorreu quando da substituição da impressão tipográfica de jornais pela *offset* no começo dos anos 1970, a impressão em quatro cores atenderia aos padrões de qualidade gráfica impostos pelo mercado publicitário, que efetivamente custeava grande parte do processo de produção dos diários. Evidenciava-se aí o vínculo comercial que colocava a indústria em marcha: além do financiamento da produção, os jornais se beneficiavam editorialmente da infraestrutura industrial gráfica implantada para a mudança, ganhando em qualidade de impressão. Na prática, porém, as mudanças no processo de produção jornalístico ampliavam as possibilidades de o jornal atrair anunciantes mais qualificados (ou seja, dispostos a pagar mais) para suas páginas.

Um fator decisivo para a alteração dessa ordem foi o advento das novas tecnologias de comunicação e informação que se desenvolveram ao longo do século XX, sobretudo em seu último quarto – embora não seja possível afirmar que foram elas as únicas responsáveis pelas transformações que tomaram vários campos da sociedade a partir dos anos 1990. O movimento no sentido de encurtar as distâncias iniciado com o desenvolvimento das redes ferroviárias do século XVIII, que contribuíra para modificar a página de notícias, encontrou seu ápice nas redes informatizadas da virada do século XXI, que não só influíram na forma das páginas jornalísticas, mas modificaram seu conceito e o próprio Jornalismo. A página de notícias impressa e distribuída no menor tempo possível para a tecnologia disponível representava o mais próximo que a sociedade podia chegar dos fatos, devidamente interpretados e contextualizados pelo trabalho jornalístico através da mídia.

Esse conceito caiu com a cobertura dos atentados terroristas de 11 de setembro de 2001, que selaram a fragilidade dos meios jornalísticos impressos diante dos digitais e eletrônicos, sobretudo quanto à sua dimensão temporal. A sociedade em rede acompanhou em tempo real, pela internet, ou ao vivo, pela TV, o que transcorria nos Estados Unidos. Tamanha rede de comunicação, com aparelhos de captação, transmissão e recepção de informação interligados e dispersos por todo o planeta, acessíveis nas mais variadas formas, tornou envelhecidos os jornais antes mesmo de estes saírem às bancas. Os jornais que publicaram edições extras naquele mesmo dia 11 nada acrescentaram àquilo que os telejornais e os jornais *on-line* fizeram ao longo daquele dia. Os jornais do dia 12 de setembro de 2001[15] talvez tenham sido os mais difíceis de ser produzidos em toda a História, porque trouxeram "em primeira mão" uma história antiga, ilustrada com fotos que reproduziam as transmissões de TV do dia anterior. Diante de tamanho aparato tecnológico-comunicacional e em disponibilidade crescente, o que poderia ainda justificar jornais impressos na forma como eram produzidos?

Confrontada em sua lógica de organização, a página de notícias foi obrigada a rever sua forma impressa. Tal reformulação ainda está em andamento, mas é possível afirmar que as mudanças foram acontecendo ao longo dos últimos 20 anos do século XX como desdobramentos da implantação dessas novas tecnologias no processo de produção editorial jornalístico, no produto jornal e na sociedade onde este circula. O que seria o devir do jornal foi caracterizado por Rosental Calmon Alves[16] da seguinte maneira:

15 Disponível em: <http://www.news eum.org/todaysfrontpages/default_ archive.asp?fpArchive=091201>. Acesso em: 29 jul. 2014.

16 Diretor do Knight Center for Journalism in the Americas, da Universidade do Texas, em palestra proferida no auditório de *O Globo*, em maio de 2008.

O jornal até o fim do século XX	O jornal a partir do fim do século XX
Produto manufaturado	Prestador de serviço
Elaborado em uma estrutura vertical	Elaborado em uma estrutura horizontal
Monomídia (plataforma única)	Multimídia (plataformas diferentes)
Informação estática	Informação dinâmica
Produto fechado	Produto aberto à participação
Entregue uma vez ao dia	Acessível a qualquer hora e lugar

Tabela 1.1 – O devir do jornal

Essa comparação permite perceber que a página impressa, a qual outrora representava o jornalismo, perdeu sua exclusividade. O que Calmon Alves propõe é um conceito de jornal que não se restringe ao meio (impresso, digital etc.) usado, mas que o perpassa (multimídia). Nesse contexto, a participação do público não se limita mais aos canais de resposta – cartas dos leitores, enquetes etc. –, mas se torna efetiva em função das novas tecnologias de comunicação e informação empregadas. Tal abertura à participação de outros agentes que não apenas o jornalista transforma a estrutura de produção, que se torna horizontal, participativa, dinâmica e em crescimento, exatamente como as redes sociais mediadas pelas novas tecnologias se caracterizam (Castells, 1999). A atualização de informações pode ser imediata no caso das manifestações digitais dos jornais – a página de notícias digital –, disponíveis em aparelhos variados (computadores pessoais, *laptops*, celulares etc.). Suas manifestações impressas, por sua vez, tiveram de ser adaptadas ao novo contexto, abrindo canais para a participação do público, disponibilizando parte de seu conteúdo ou mesmo a íntegra em simulacros digitais de páginas impressas.

Na prática, um dos primeiros reflexos desse sistema sobre o design da página de notícias foi o processo que ficou conhecido como "tabloidização" dos jornais, que traduziu no formato tabloide[17] o aspecto da mobilidade presente nos aparelhos de comunicação pessoal (celulares, *laptops* etc.). Quando os jornais ingleses[18] adotaram esse formato, tornaram-se mais fáceis de serem transportados e lidos, sobretudo em ambientes como

---

17 Esse formato corresponde à metade do formato usual do jornal, não existindo uma medida determinada. Por exemplo, no caso dos jornais brasileiros, que usam o formato *standart* – folha individual com aproximadamente 33 cm de largura por 54 cm de altura, e mancha gráfica com 29,7 cm de largura por 50 cm de altura –, o tabloide corresponderia a sua metade: folha individual com 27 cm de largura por 32 cm de altura e mancha gráfica com 24,7 cm de largura por 30 cm de altura.

18 O *The Times* adotou o formato em 2003, sendo seguido pelo *Independent* em 2004 e pelo *Guardian* e o *Observer* em 2006. Disponível em: <http://www.guardian.co.uk/gpc/berliner-format?INTCMP=SRCH>.

vagões de trens e ônibus. Outra característica do período foram os projetos de design voltados para a customização de jornais, desenvolvidos para atender à demanda de públicos especificamente determinados por pesquisas de consumo, como os jornais de economia, esportes ou voltados para as camadas de baixo poder aquisitivo lançados na época. O design das páginas voltadas para coberturas especiais, até então identificado em cabeçalhos ou selos, passou a contar com a possibilidade de novos formatos – como o 1/4 de *standart* – e suportes, como papéis de gramaturas diferentes usados em suplementos especiais.

No que se refere aos jornais, tal processo se refletiu na busca por formas e formatos que pudessem estender sua presença aos novos aparatos, de modo a ocupar também esse novo mercado. O advento das tecnologias que possibilitaram o Kindle[19] o iPhone[20] e, a partir de 2010, o iPad[21] impôs aos designers o desafio de pensar uma versão dos jornais para esses novos meios, dentro de seus limites específicos – o uso da cor, as dimensões, a luminosidade da tela etc. –, desvinculando o jornal fisicamente do papel por um lado, mas sendo também obrigados a desenvolver projetos que fossem uma variação da forma impressa, por outro.

Nesse sentido, a forma da página de notícias ganhou importância também porque agregou a ideia de "variedade" aos produtos editoriais oferecidos pelas publicações. Para que isso fosse possível, a etapa de projeto no ciclo de produção jornalística ganhou relevância, sem dúvida alguma, como uma contribuição do campo do Design ao processo. Se for possível uma "fabricação da notícia" nos moldes propostos por Aubenas e Benasayag (2003), ou seja, dar a um acontecimento que atenda aos requisitos de notícia também sua forma sensível pela aplicação de modelos de redação e padrões de apresentação – gráfica, audiovisual etc. –, é possível afirmar que o Design se tornou um agente decisivo nessa produção, no sentido de produzir o discurso jornalístico, de planejá-lo e também viabilizá-lo.

---

19 Leitor de livros eletrônicos ou *e-books*. Aparelho comercializado por uma livraria virtual (nesse caso, a Amazon) que disponibiliza livros, revistas e jornais que podem ser reproduzidos e lidos em sua tela, em qualquer lugar. Reproduz páginas em preto e branco por conta das limitações da tecnologia usada, chamada *tinta eletrônica*.

20 Aparelho para telefonia móvel comercializado pela Apple, conhecida por desenvolver sistemas e computadores revolucionários. O iPhone oferece diversos recursos e possui teclado virtual, acessado na tela com tecnologia *touchscreen*. Como aconteceu com o Kindle, sua aceitação no mercado fomentou o desenvolvimento de produtos concorrentes e também específicos para ele.

21 Aparelho lançado pela Apple no começo de 2010, que se apresenta como um novo objeto, uma nova tecnologia, que permite combinar atributos de computador pessoal e leitor de livros, revistas e jornais. Diferente do Kindle, o iPad oferece cores nas páginas e permite acessar sites. Como o iPhone, usa tecnologia *touchscreen* e teclado virtual.

A página de notícias no Brasil

2

A forma da página de notícias no Brasil reflete o modo como os empreendedores nacionais adaptaram produtos e projetos desenvolvidos no exterior às condições do país. De acordo com a síntese da história cultural do país feita por Nelson Werneck Sodré, é uma característica do Brasil, no contexto de sua origem colonial, a existência daquilo que ele chama de "civilização transplantada" (Sodré, 1977, p. 4-5): posto que nada houvesse no território recém-descoberto, são transferidos para cá tanto os elementos humanos como os recursos materiais necessários à ocupação colonial com fins de atender ao mercado externo. Assim, "[...] surge naturalmente uma cultura também transplantada" (Sodré, 1977, p. 5). Partindo dessa premissa, Sodré reparte o desenvolvimento da cultura brasileira em três etapas (Sodré, 1977, p. 7-8):

- 1ª etapa (1500-1750): cultura transplantada anterior ao aparecimento da camada social intermediária, a pequena burguesia;
- 2ª etapa (1750-1930): cultura transplantada posterior ao aparecimento da camada intermediária, a pequena burguesia;
- 3ª etapa (1930-): surgimento e processo de desenvolvimento da cultura nacional, com o alastramento das relações capitalistas.

Ainda segundo Sodré, nas duas primeiras fases a classe dominante no Brasil é escravista e feudal, evoluindo de um período inicial, em que não existia camada intermediária entre senhores e escravos, para outro, em que essa camada surge no cenário nacional e começa a desempenhar um papel importante em relação à cultura. Embora chame a atenção para as divergências sobre aceitar a Revolução de 1930 como marco definidor da ascensão das relações capitalistas no Brasil e seus desdobramentos econômicos e políticos, Sodré não deixa dúvidas ao afirmar que, em sua divisão,

> [...] a terceira etapa pertence à época em que a classe dominante, no Brasil, é a burguesia, tendo desaparecido o escravismo, persistindo, entretanto, remanescentes feudais, parcelas de população vivendo em relações pré-capitalistas. A esta etapa pertence a vigência dos meios modernos de cultura de massa (Sodré, 1977, p. 8).

Tomando por base tal separação, é possível afirmar que o advento de jornais impressos no país se dá quando já se pode identificar a presença de uma nascente burguesia na esfera política nacional. O jornalismo chega ao Brasil como parte da "cultura transplantada" à qual se refere Sodré, manifestando-se logo após sua descoberta (1500), na forma missivista, identificada na carta de Pero Vaz de Caminha dirigida ao rei de Portugal. Na forma que interessa ao presente trabalho, qual seja a impressa, a página de notícias levara cerca de 300 anos para chegar ao Brasil, igualmente "transplantada", através de exemplares de periódicos e outros impressos (portugueses, na maioria) que cruzavam o Atlântico e chegavam esporadicamente ao país (Morel; Barros, 2003).

Em 1808, portanto no contexto das guerras napoleônicas e dos primeiros passos da Revolução Industrial na Europa, a imprensa chega ao Brasil ("transplantada") no conjunto de transformações que ocorreram no país em razão da chegada da família real portuguesa. Bastante burocratizado, o estado absolutista português dependia dos impressos para funcionar. Ao autorizar a importação da tecnologia que os viabilizava e liberar sua produção, inicialmente à sombra da Imprensa Régia, oficial, o governo acabou abrindo as portas também aos jornais. Nesse mesmo ano, surge aquele que é considerado o primeiro jornal brasileiro: o *Correio Braziliense*, produzido em Londres por Hipólito da Costa; e também o primeiro jornal produzido em solo brasileiro: a *Gazeta do Rio de Janeiro*[1]. Tais jornais representavam lados opostos na política brasileira: enquanto a *Gazeta* tinha ares oficiais, o *Correio* inscreveu-se no lado dos que se opunham à Coroa, embora, segundo Morel e Barros (2003), os dois jornais comungassem de alguns pontos, como a manutenção do sistema de governo, a dinastia a ocupar o trono, a

1 O *Correio Braziliense* foi publicado em 1º de junho de 1808, enquanto a *Gazeta do Rio de Janeiro* saiu a partir de 10 de setembro de 1808.

proposta de integração luso-brasileira ou, ainda, a crítica às ideias de revolução ou ruptura (**figuras 2.1 a 2.3**).

Segundo Morel e Barros (2003, p. 24-25), com D. João VI e a família real instalados no Rio de Janeiro, uma sequência de atos políticos executados a partir de Portugal deu impulso ao crescimento dos jornais no Brasil. No contexto das revoluções constitucionalistas na Península Ibérica (1820), foram estabelecidas pela Junta de Governo a liberdade de imprensa (21 de setembro de 1820) e a liberdade de

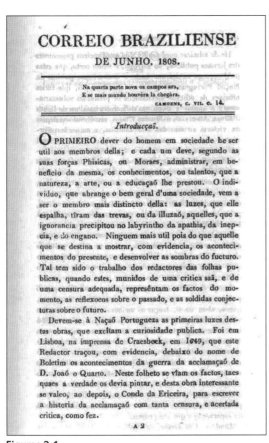

Figuras 2.1

Figuras 2.1, 2.2 e 2.3 – Primeiros jornais.
Datadas de 1808, as primeiras edições do *Correio Braziliense* e da *Gazeta do Rio de Janeiro*. O primeiro, em forma de *newsbook*. Apesar da mancha gráfica, a Gazeta do Rio de Janeiro já aparece em formato coranto.

Figura 2.2

Figura 2.3

Figuras 2.1, 2.2 e 2.3 – Primeiros jornais.
Datadas de 1808, as primeiras edições do *Correio Braziliense* e da *Gazeta do Rio de Janeiro*. O primeiro, em forma de *newsbook*. Apesar da mancha gráfica, a Gazeta do Rio de Janeiro já aparece em formato coranto.

A página de notícias no Brasil

circulação de impressos portugueses fora de Portugal (13 de outubro de 1820). Em decorrência desses atos, foi decretada no Brasil por D. João VI a suspensão da censura prévia para a imprensa em geral (2 de março de 1821). Afastado de Portugal, D. João temia perder espaço político para a Junta de Governo e, por isso, assinou o decreto que tinha o papel de recolocá-lo no centro das ações políticas. Como resultado desses atos, houve um aumento significativo na quantidade de jornais publicados na capital.

Em relação ao Brasil, esses dados apontam para o crescimento de uma camada social, diretamente ligada às revoluções que tomaram a Europa e a América do Norte no século anterior (Hobsbawn, 2007), que tinha interesse em fazer parte do jogo político no país e que Morel e Barros associam ao aparecimento no Brasil da chamada opinião pública[2]:

> Considera-se, em geral, que opinião pública remete a uma expressão que desempenhou papel de destaque na constituição dos espaços públicos e de uma nova legitimidade nas sociedades ocidentais a partir do século XVIII. [...] Diante do poder absolutista, havia um público letrado que, fazendo uso público da razão, construía leis morais, abstratas e gerais, que se tornavam uma fonte de crítica ao poder e de consolidação de uma nova legitimidade política. Ou seja, a opinião com peso para influir nos negócios públicos, ultrapassando os limites do julgamento privado (Morel; Barros, 2003, p. 22).

Os autores ainda identificam no período entre 1820 e 1822 o crescimento da atividade gráfica no país[3], manifesto no aumento do volume de impressos de várias naturezas, mas, sobretudo, dos periódicos regulares – os jornais. Neles se desenvolviam os debates em torno da construção de outro ambiente político e econômico no país, o que nos remete à discussão acerca do papel dos jornais na construção da sociedade liberal conduzida por Barnhurst e Nerone (2001).

Quanto a sua forma, os jornais produzidos no Brasil dos anos 1820 traduziam a urgência das manifestações políticas e também o ritmo com que as ações se sucediam no contexto da agitação política da época:

> A imprensa periódica daquele período, independentemente da posição ideológica, não era industrial, mas artesanal. Na agita-

2 A discussão em torno desse conceito teve início com a obra *Opinião pública*, de Walter Lippmann, publicada em 1922. Como o debate sobre o tema é extenso, aqui ele aparece limitado à caracterização desenvolvida por Morel, por ser esta pertinente ao quadro construído por Barnhurst e Nerone (2001) acerca do papel dos jornais no desenvolvimento do debate democrático na construção da sociedade americana, tema que se insere nos limites da presente pesquisa. Para aprofundar o assunto, ver Lippmann (2008).

3 O crescimento da atividade industrial gráfica no Brasil foi descrito, do ponto de vista da indústria, na obra organizada por Mario de Camargo (2003). Uma abordagem do período feita a partir do Design foi apresentada por Guilherme Cunha Lima (1997).

ção do processo de independência, proliferou, como veículo típico, o pasquim. O pasquim era de formato pequeno, tendo geralmente quatro páginas. Era redigido por uma pessoa, no máximo duas, que compunha o original em manuscrito e o enviava à tipografia, que servia não só como impressora, mas, muitas vezes, como ponto de venda, assim como as boticas, já que as livrarias eram raras. O pasquim (jornal) às vezes não se distinguia do opúsculo, do panfleto ou do folheto, pois a maioria desses veículos não circulava com periodicidade. As publicações periódicas destacavam-se logo, eram raras. Nessa imprensa embrionária, o jornalismo não era categoria profissional: qualquer indivíduo letrado que desejasse atuar na vida pública [...] encontrava relativa facilidade de rodar o seu pasquim (Morel; Barros, 2003, p. 48-49).

As limitações do parque gráfico nacional, ainda em fase de implantação, acabaram ajudando a estabelecer uma relação com a literatura que interferiu na forma da página de notícias. Como ainda não havia infraestrutura que viabilizasse o mercado editorial de livros, muitos autores enxergavam nos jornais a alternativa para publicar seus textos. Graficamente, essa prática deu origem ao *folhetim*, palavra que designava não uma categoria literária, mas o espaço inferior das primeiras páginas dos jornais, onde eram publicadas as obras em sequência[4]. Essa proximidade com a literatura também influenciou a forma do texto jornalístico do período, com construções mais elaboradas e menos objetivas.

2.1 Os pioneiros da imagem

Não era prática comum se usar ilustrações nas páginas de notícias produzidas no Brasil nas primeiras sete décadas do século XIX. Foi o desenho de humor que contribuiu decisivamente para seu uso, repetindo desse lado do Atlântico o que já ocorrera na Europa (Beltrão, 1992). Existe uma discussão em torno de quando se publicou a primeira caricatura no Brasil. Uma das categorias de desenho jornalístico[5] mais antigas, a caricatura corresponde ao desenho propositadamente distorcido de uma pessoa conhecida, feito com o objetivo de revelar, através da deformação, traços de sua personalidade, comportamento ou atitudes características. Enquanto Beltrão (1992, p. 52) afirma ter sido *O Carcundão*, de Recife, o primeiro

4 A esse respeito, ver Morel e Barros, 2003.

5 A relação dessas categorias de desenho jornalístico foi reproduzida em Moraes, 1998.

jornal brasileiro a publicar uma caricatura, em 1831, Herman Lima, autor de *A história da caricatura no Brasil*, atesta ter sido o *Jornal do Commercio*, no Rio de Janeiro, em 14 de dezembro de 1837, o pioneiro ao publicar um desenho de Manuel de Araújo Porto Alegre (*apud* Bahia, 1990).

Sem entrar no mérito desse debate, é possível deduzir que a caricatura aparece no Brasil na década de 1830 – período posterior à independência e imediatamente anterior ao início do (lento) processo de industrialização do país – como expressão de um tipo de jornalismo que manifestava a opinião da então emergente burguesia. Essa camada social interferia cada vez mais na discussão dos rumos políticos e econômicos do país, sobretudo após a renúncia de D. Pedro I em favor do filho (1831), inaugurando os acalorados debates em torno da Regência e da Maioridade.

Não se pode deixar de registrar que a impressão de imagens jornalísticas no Brasil do período alcançou destaque nas revistas, embora não sejam elas o objeto do presente trabalho. Além da primeira revista brasileira a publicar caricaturas e reportagens visuais, *A lanterna mágica* (1844), de Araújo Porto Alegre e Rafael Mendes de Carvalho, destacam-se, sobretudo, a *Semana Illustrada* (**figura 2.4**), fundada em 1860 por Henrique Fleiuss, *O Diabo Coxo*, produzido em São Paulo por Angelo Agostini entre 1864 e 1865, e a mais importante publicação ilustrada do século XIX no Brasil, a *Revista Illustrada* (**figura 2.5**), produzida por Agostini e Paul Théodore Robin, que atingiu em 1876 a impressionante tiragem de 4 mil exemplares, conseguida graças ao pioneirismo de Théodore na litografia a vapor no Brasil[6].

Ainda em relação às imagens, os jornais brasileiros se valem da mesma técnica desenvolvida nos Estados Unidos de reproduzir por xilografia – e, mais tarde, litografia – ilustrações baseadas em fotografias. Morel e Barros registram que "[...] além das charges e caricaturas, a partir de 1860 alguns periódicos apresentavam em suas páginas desenhos feitos a partir de fotografias" (2003, p. 71). Quanto a estas, sua publicação pela imprensa brasileira da época se caracterizava pelo "[...] intuito de traduzir em imagens um acontecimento, priorizado no texto, sem, contudo, uma preocupação com a leitura da imagem em si" (Munteal; Grandi, 2005, p. 13).

Se a Guerra de Secessão rendeu vasto material para a iconografia jornalística nos Estados Unidos, no Brasil, a Guerra

6 A esse respeito, além das obras de Bahia (1990), Camargo (2003) e Morel e Barros (2003), ver também *A revista no Brasil* (Abril, 2000).

Figuras 2.4 e 2.5 – As revistas e o início do jornalismo ilustrado.
Fartamente ilustradas, as revistas contrastaram com os jornais, que se baseavam na linguagem verbal. Foram fruto da perícia técnica e do talento de desenhistas e gravadores como Henrique Fleiuss, Angelo Agostini, Théodore Robin, Mendes de Carvalho e Araújo Porto Alegre.

Disponível em: <http://memoria.bn.br/pdf/702951/per702951_1861_00001.pdf>; <http://memoria.bn.br/pdf/332747/per332747_1876_00001.pdf>. Acesso em: 30 jul. 2014.

do Paraguai (1864-1870) desempenhou papel semelhante, ao fornecer material para charges e caricaturas, além de elementos que podemos incluir na categoria dos gráficos, embriões daquilo que o século XX chamaria infografia:

> Outra forma de representação iconográfica do conflito eram os planos ou "plantas topográficas" das posições que os aliados iam conquistando. No dia 14 de março, por exemplo, uma página inteira do jornal foi ocupada pela planta detalhada do Humaitá. (Morel; Monteiro de Barros, 2003, p. 69).

Como relata Morel, referindo-se à edição de 14 de março de 1868 do jornal *Vida Fluminense*, a página de notícias no Brasil caminhava para a industrialização de sua produção, acompanhando um movimento que se desenrolava em outras partes do mundo (Morel; Barros, 2003).

2.2 O advento do jornalismo comercial no Brasil

O fim do século XIX registra a introdução da orientação comercial e a implantação dos parques industriais dos diários. A fase artesanal da tipografia deu lugar à industrial. Os inúmeros pasquins e outras publicações efêmeras e mesmo pequenos jornais que funcionavam a partir do esforço individual de seus redatores desaparecem. Os jornais que permaneceram foram aqueles que associaram suas redações a gráficas, criando empresas comercialmente viáveis:

> As dependências da redação e da oficina abrangem setores de gravura, desenho, zincografia, galvanoplastia [...]. Itens de escala técnica incorporam-se a uma tipografia que antes dependia exclusivamente da habilidade manual. Inovações mecânicas, a divisão do trabalho, a especialização, a racionalização de custos, a conquista de mercados pouco a pouco transformam a velha tipografia (Bahia, 1990, p. 105-109).

Graficamente, a forma do jornal se distancia da forma do livro, adquirindo características próprias, como os cabeçalhos[7] das primeiras páginas. Os títulos dos jornais são identificados por formas gráficas próprias – logotipos –, que os destacam dos demais, apontando para a orientação comercial das empresas. O que Juarez Bahia identifica como a segunda fase da imprensa no Brasil tem início em 1880 (Bahia, 1990), no contexto econômico de uma tímida industrialização e no cenário político do debate em torno da Abolição e da República.

É dessa época a publicação do *Jornal do Brasil*, de 1891, cujas características gráficas foram assim descritas por Camargo:

> O jornal, impresso nas rotativas Marinoni, começa a usar os primeiros clichês em zincografia [...] em 1895. É considerado o mais moderno da época, com seus intertítulos que facilitavam a leitura. Traz de Lisboa o desenhista Celso Hermínio para iniciar a publicação de caricaturas em 1898. Quatro anos

7 Peça usada para identificar uma publicação, formada pela forma tipográfica adotada para o nome do veículo, local e data de publicação, além de ano e número da edição. Alguns jornais incluem aí os nomes dos proprietários ou dos responsáveis pela publicação.

depois publica o primeiro romance policial em quadrinhos, ilustrado por Julião Machado (Camargo, 2003, p. 48).

O *Jornal do Brasil* da época é um exemplo da referida mudança de orientação empresarial dos jornais, manifesta pelo investimento na qualidade gráfica do produto. Ainda na capital do país, em 1901 surge o *Correio da Manhã*, que rivaliza com o *Jornal do Brasil* na função de tribuna dos principais personagens da política nacional. Até então, além do Rio de Janeiro, Salvador e Recife se destacam no cenário nacional quanto à implantação da imprensa e à publicação de jornais. Em 1875, fora fundado em São Paulo o jornal *A Província de São Paulo*. Em 1885, Julio Mesquita entrou para o jornal (Sodré, 1999), que, com a República, passou a se chamar *O Estado de S. Paulo*. Em 1902, Mesquita torna-se seu único dono e inicia uma série de mudanças que apontam para um modelo de produção editorial mais diversificado: "[...] [Mesquita] Compra a impressora Marinoni, introduz novos modelos de composição, faz contatos com agências estrangeiras e estabelece uma rede de vendas em todo o país" (Camargo, 2003, p. 49).

Em 1911, Irineu Marinho lança no Rio de Janeiro o vespertino *A Noite*, embrião do outro jornal vespertino que o mesmo Irineu fundaria em 1925 e que, conduzido pelo filho Roberto, se converteria em um dos mais importantes jornais das Américas no século XX: *O Globo*. No cenário dos primeiros 20 anos da República, o mercado editorial jornalístico assiste à fundação e derrocada de muitos periódicos, que não conseguem se manter financeiramente em uma economia cada vez mais dependente do mercado externo e que caminha para a Primeira Guerra Mundial (1914-1918) e, uma década depois, para a crise internacional de 1929. Os jornais que sobreviveram (ligados às grandes empresas jornalísticas) orientaram sua política editorial de acordo com as regras do capitalismo industrial que se desenvolvia no país:

> Na prática, esse caminho é comprovado pelo reaparelhamento gráfico e editorial, pela descoberta de novas áreas de cobertura, além da política – os esportes, principalmente o futebol, o carnaval, eventos populares –, e pelo crescimento da fatura publicitária (Bahia, 1990, p. 150).

8 Chateaubriand construiu uma poderosa rede de jornais, revistas e emissoras de rádio e televisão – os *Diários Associados* – que marcou o país entre os anos 1920 e 1970. A respeito de sua trajetória, ver Bahia (1990, v. 1), Sodré (1999) e, especialmente, Morais (1994).

A página de notícias no Brasil

Nesse contexto, Assis Chateaubriand deu os primeiros passos para a construção de sua cadeia de veículos jornalísticos[8] com a compra de *O Jornal*, em 1922, mesmo ano em que aconteceu em São Paulo a Semana de Arte Moderna.

2.3 A semana de 22

Segundo Lima (1997), a Semana de Arte Moderna seria um desdobramento da eclosão do Modernismo no Brasil, podendo ser entendida como "a primeira manifestação de impacto do Modernismo brasileiro". Seus três princípios fundamentais eram "[...] o direito permanente à pesquisa estética; a atualização da inteligência artística brasileira; e o estabelecimento de uma consciência criadora nacional" (Lima, 1997, p. 19). Da relação entre o movimento no Brasil e as vanguardas europeias, Lima destaca o nacionalismo como um de seus efeitos mais importantes e enumera três questões essenciais oriundas de sua discussão no cenário cultural brasileiro:

> A primeira, de ordem estética, é representada pela negação das formas estabelecidas propostas pelo academicismo. A segunda, de ordem cultural, discutiu a dependência brasileira das matrizes da colonização europeia. E a terceira, de ordem política, questionou os benefícios do Estado como instituição necessariamente forte e centralizadora (Lima, 1997, p. 19-20).

Após Rio de Janeiro e São Paulo, o Modernismo se espalhou pelo país, deixando marcas em diversas instâncias da vida nacional. Porém, não conseguiu fazê-lo de modo contundente no design da imprensa brasileira na primeira metade do século XX. Segundo Lima,

> A revolução tipográfica só irá eclodir bem depois da Segunda Guerra Mundial, nos anos 1970. Este é também o momento em que se estabelece a moderna tipografia brasileira, oriunda das diversas experiências nacionais e estrangeiras e embasada especialmente nos conceitos da arte concreta (Lima, 1997, p. 22).

No que se refere à página de notícias, os primeiros passos em direção às mudanças apontadas por Lima acontecem ainda na década de 1950, com as reformas editoriais e gráficas nas grandes empresas jornalísticas, situadas na então capital da República. Em sua minuciosa e bem documentada tese sobre a imprensa carioca nos anos 1950, Ana Paula Goulart Ribeiro (2007) mostra como a conjugação de fatores de natureza política, ideológica e, sobretudo, econômica interferiu no quadro de modernização e reaparelhamento da imprensa, que se modificou mais como uma resposta às novas demandas e oportunidades comerciais do que propriamente por razões de cunho exclusivamente jornalístico. Embora a autora destaque quatro diários[9] – *Diário Carioca, Tribuna da Imprensa, Última Hora* e *Jornal do Brasil* – como os mais representativos naquele contexto de mudanças, foram os dois últimos os que influenciaram decisivamente os aspectos visuais do jornalismo brasileiro no período.

2.4 A década de 1950 muda os jornais

Segundo Ribeiro, "[...] os jornais brasileiros, na primeira metade do século XX, não apresentavam uniformidade na tipologia das letras nem lógica na hierarquia dos elementos nas páginas. A disposição das matérias em geral se guiava pela improvisação" (Ribeiro, 2007, p. 265). Esse tipo de orientação estava relacionado ao modo como os jornais eram produzidos nas redações até ali. Juarez Bahia, ao discutir o impacto das mudanças ocorridas nos anos 1950, afirma: "[...] convém lembrar que, em meados dos anos 1950, nas redações de grandes jornais brasileiros ainda se tem por hábito escrever à mão. Só então desembarcam nas mesas dos repórteres máquinas suficientes para todos" (Bahia, 1990, p. 382). Foi a conjugação das normas de redação – introduzidas na imprensa brasileira pelo *Diário Carioca* (**figura 2.6**) – que estabeleceu limites para o tamanho das matérias, com a introdução das técnicas de diagramação, que racionalizou a produção da página de notícias a partir de então.

A respeito do impacto das modificações impostas pela introdução da diagramação no processo de produção dos jornais, Ribeiro afirma que

> [...] somente com as reformas gráficas dos anos 1950, um estilo mais organizado na concepção visual dos jornais se impôs. A ordenação do material passou a seguir então o princípio da apresentação racional. As manchetes e títulos começaram a ser

9 Segundo Ribeiro (2007), a *Tribuna da Imprensa* e o *Diário Carioca*, sobretudo este último, foram importantes quanto às mudanças na forma do texto jornalístico que implementaram e acabaram seguidas pela concorrência no contexto de mudanças que atingia o setor no período.

Figura 2.6 – Nova forma de escrever.
O *Diário Carioca* é celebrado como o introdutor do *lead* na imprensa brasileira. A nova redação ajudava a aproveitar o material das agência de notícias, dando agilidade à edição.
Disponível em: <http://memoria.bn.br/pdf2/093092/per093092_1954_07873.pdf>.
Acesso em: 30 jul. 2014.

padronizadas e a ter uma coerência interna. A funcionalidade tornou-se uma questão estética (Ribeiro, 2007, p. 265).

Assim, a página de notícias produzida no Brasil dos anos 1950 mudou com base em dois novos modelos, o *Última Hora* e o *Jornal do Brasil*. Conduzido pelo que alguns autores chamam "escola argentina" (Ribeiro, 2007), personificada em profissionais de artes gráficas como Guevara, Parpagnolli, José Antonio Honrado, entre outros, o projeto gráfico do *Última Hora* (**figura 2.7**) conjugava quadros em *grisées* a outros recursos tipográficos, como fios e setas, para destacar informações ou orientar a leitura dos tipos com ou sem serifa usados em diversas situações nas páginas. Embora a distribuição dos títulos na primeira página antecipe a proposta visual dos jornais populares da virada do século XX para o XXI, que usam a

10 Segundo autores como Sodré (1999), Bahia (1990) e Ribeiro (2007), Samuel Weiner, fundador do *Última Hora* e principal nome do jornal, teve desde o primeiro momento apoio de Getúlio Vargas para seu projeto editorial. Vargas via no jornal um importante instrumento no tumultuado cenário da luta política de seu segundo governo (1950-1954), que terminou com a trágica notícia de seu suicídio.

Figura 2.7 – *Última Hora*.
O jornal de Samuel Weiner lançou o design que caracterizou os vespertinos e, mais tarde, foi aproveitado pelos jornais ditos populares.

Disponível em: <http://www.arquivoestado.sp.gov.br/uhdigital/pdf.php?dia=11&mes=3&ano=1963&edicao=10&secao=1>. Acesso em: 30 jul. 2014.

tipografia para destacar-se no ambiente da banca ou dos pontos de venda, existe uma tensão nas páginas expressa pelo contraste entre as massas de texto e cor (ciano) e as variações tipográficas dos títulos, que nos remete ao contexto político da época, em que o jornal getulista[10] se opunha ao discurso de seus opositores também pelos aspectos gráficos.

O *Jornal do Brasil*, por sua vez, é significativo por conta de sua reforma, tida como um marco na história da imprensa nacional (Ribeiro, 2007; Bahia, 1990; Lessa, 1995). Até os anos 1950, o diário era conhecido como "o jornal das cozinheiras", em razão dos diversos anúncios que tomavam sua primeira página. Comandada por Odylo Costa Filho e Reynaldo Jardim em seus aspectos editoriais, a reforma significou a adoção de uma forma verbal mais condizente com a tecnologia introduzida pelo reaparelhamento da imprensa e pelos serviços das agências noticiosas que abasteciam a redação, acompanhando um movimento que já tomara os demais jornais elencados por Ribeiro (2007), sobretudo o *Diário Carioca*. A grande contribuição do *Jornal do Brasil*, porém, se deu no terreno do design gráfico, levada a cabo por Amílcar de Castro, que desenvolveu uma nova proposição visual jornalística combinando a racionalidade da hierarquização dos assuntos com a funcionalidade dos recursos tipográficos que a expressavam[11]. Castro retirou gradualmente os anúncios da primeira página, enfatizando os aspectos jornalísticos da publicação e valorizando a fotografia por meio de composições equilibradas. Sob forte influência do movimento concretista, eliminou o excesso de elementos gráficos, até então comuns, e construiu projetos tipográficos que equilibravam o branco da página e as massas de texto, contrastando fortemente com a concorrência.

Apesar de sua importância, o trabalho de Castro ficou associado às manifestações estéticas do Concretismo no qual estava inserido. Embora seus trabalhos se apoiem em princípios que foram adotados pelos designers do fim do século, não se pode incluí-lo no movimento identificado como design de notícias, porque seu trabalho, embora relevante, não corresponde a uma mudança sistematizada no posicionamento do design no processo de produção jornalístico. A reforma do *Jornal do Brasil* (**figuras 2.8 e 2.9**) construiu a forma de jornal que, no contexto das dificuldades políticas que se agravaram a partir dos anos 1960, ficou associada à imagem do jornal com credibilidade – o *jornal santificado* de Barnhurst e Nerone (2001) –, modificando o perfil não apenas de seus leitores, que se tornaram mais elitizados, mas também dos profissionais de imprensa, que transformaram o jornal em um modelo a ser seguido, inclusive em seus aspectos gráficos.

A comparação das propostas gráficas do *Última Hora* e do *Jornal do Brasil* nos permite abordagens que vão dos aspectos comerciais das duas publicações aos editoriais, passando por seus modelos administrativos e interesses políticos. Ribeiro (2007) comenta essa diferença em relação ao horário de circulação, relacionando o modelo do *Última Hora* aos vespertinos e o do *Jornal do Brasil* aos matutinos, mais sérios e densos. Os jornais matutinos tinham fluxo de produção diferente dos vespertinos. Estes tinham mais prazos mais curtos, o que lhes permitia parecer atualizados em relação aos fatos do dia, mas os impedia, por outro lado, de aprofundar alguns assuntos ou de oferecer ao

11 A esse respeito, ver Lessa (1995).

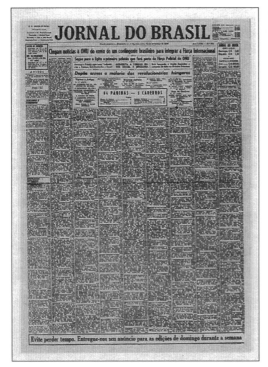 

Figuras 2.8 e 2.9 – A reforma do *Jornal do Brasil*.
O jornal em 1956, ano em que teve início o processo de reformulação, e em 1959, no auge da reforma. A limpeza do projeto de Amílcar de Castro criou a forma adotada pelos jornais de qualidade no país.

Disponível em: <http://memoria.bn.br/DocReader/DocReader.aspx?bib=030015_07&PagFis=67577>; <http://memoria.bn.br/DocReader/DocReader.aspx?bib=030015_07&PagFis=102624>. Acesso em: 30 jul. 2007.

leitor uma cobertura mais contextualizada. Segundo Abreu, no período do pós-guerra até meados da década de 1960,

> [...] o jornalismo de combate, de crítica, de doutrina e de opinião convivia com o jornal popular, que tinha como característica o grande espaço para o *fait divers* – a notícia menor, relativa aos fatos do cotidiano, a crimes, acidentes etc. –, para a crônica e para o folhetim. A política não estava ausente, mas era apresentada com uma linguagem pouco objetiva (Abreu, 2002, p. 12).

Assim, a forma gráfica dinâmica e tensa dos vespertinos acabou associada à imagem de "pouca profundidade" e ao grupo de jornais que encontraram seu público entre as camadas populares. Teríamos, então, duas categorias: a dos jornais opinativos e ideologicamente engajados, e a dos jornais populares, despretensiosamente centrados no cotidiano.

Jornais como o *Jornal do Brasil* ou o *Correio da Manhã*, pelos assuntos (pautas) que veiculavam e pela forma que escolheram para apresentá-los – predominantemente verbal, disposta de modo organizado e funcional, segundo um design que expressava a hierarquização dos assuntos por meio da tipografia –, identificavam-se com a primeira categoria. Já o *Última Hora* e os jornais que seguiram seu estilo gráfico, como *O Dia*, que, além dos assuntos mais mundanos e do tratamento menos opinativo, usavam *layouts* assimétricos, com destaque para imagens (fotográficas, na maioria) em grandes áreas ou cortes inusitados, e variavam a tipografia com o objetivo de enfatizar determinados elementos das notícias (e não apenas sua posição na organização hierárquica dos assuntos na página), eram identificados com a segunda classe.

2.5 A crise dos anos 1970

As crises políticas que se espalharam pelo mundo no fim dos anos 1960 e que, no Brasil, tiveram reflexos no enrijecimento do regime que tomara o país com o golpe militar de 1964, além do aprofundamento da instabilidade econômica resultante da crise do petróleo (1973), repercutiram no sistema de mídia brasileiro, especialmente nos jornais[12]. Politicamente, os diários foram alvo de rigorosa censura, chegando a ter jornalistas e diretores presos. Financeiramente, viram-se em dificuldades pelo aumento no preço do papel imprensa, que era importado e cujos custos cresciam graças à instabilidade do câmbio. Comercialmente, dependiam cada vez mais dos anúncios para financiar a produção, o que trazia reflexos industriais, uma vez que aos anunciantes interessava atingir o maior número de pessoas, o que impunha aumentar a circulação e oferecer qualidade de impressão para peças cada vez mais sofisticadas. O maior desses anunciantes era o governo, que distribuía seus anúncios entre os veículos que podiam atingir maior circulação, contribuindo para sua manutenção e modernização, como afirma Abreu:

12 Entre os diversos autores que discutem esse assunto, ver Abreu (1996, 2002), Sodré (1999) e Ribeiro (2007).

Ao mesmo tempo em que censuravam matérias e interferiam no conteúdo da informação, os governos militares financiaram a modernização dos meios de comunicação. Isso se explica porque, para eles, essa modernização era parte de uma estratégia ligada à ideologia da segurança nacional. A implantação de um sistema de informação capaz de "integrar" o país era essencial dentro de um projeto em que o Estado era entendido como o centro irradiador de todas as atividades fundamentais em termos políticos (Abreu, 2002, p. 15).

Financiado por bancos e instituições estatais, "[...] o que evidentemente representava um instrumento de controle adicional sobre a mídia" (Abreu, 2002, p. 20), esse processo de modernização correspondeu, em termos editoriais, à consolidação no Brasil do modelo norte-americano – "[...] que privilegia a informação e a notícia e separa o comentário pessoal da transmissão objetiva e impessoal da informação" (Abreu, 2002, p. 12) – em detrimento do francês – opinativo, crítico, doutrinário e engajado –, que acompanhava a imprensa brasileira desde o século XIX. Em termos industriais, a modernização repercutiu no reaparelhamento dos parques gráficos das empresas e na modificação do processo de produção, resultado das modificações tecnológicas implantadas. É nesse contexto que a composição a frio chega definitivamente aos jornais – na *Folha de S.Paulo*, por exemplo, o processo foi introduzido em 1974 –, assim como a impressão *offset*, cujo marco é o lançamento do *Jornal da Tarde*, em 1967, em São Paulo. A capital paulista crescera embalada pelo desenvolvimento industrial do estado e já havia se tornado o maior centro editorial de revistas da América do Sul.

Na antiga capital federal, o período coincide com o desaparecimento de diversos jornais, que sucumbiram diante da crise financeira provocada sobretudo pelo aumento do preço do papel no início dos anos 1970: dos 22 jornais que circulavam no Rio de Janeiro em 1950, apenas sete chegaram aos anos 1970[13]. No começo dos anos 1980, somente três jornais concentravam 80% dos leitores cariocas – *O Globo*, *Jornal do Brasil* e *O Dia* (Ribeiro, 2006). Nesse contexto, a concentração de jornais já era uma realidade na maior parte do país, diminuindo com isso a oferta de postos de trabalho no setor e interferindo na postura política dos jornalistas, que se viam subjugados pelo sistema, embora tivessem desfrutado de uma

13 A esse respeito, ver, além de Sodré (1999), Abreu (2002), Ribeiro (2007), também Ribeiro (2006).

série de benefícios garantidos por lei, como a isenção de imposto de renda ou a aposentadoria especial.

2.6 A greve dos jornalistas e o design dos jornais

Em maio de 1979, aconteceu um fato político cujos desdobramentos em médio prazo teriam consequências decisivas para o design de jornais no Brasil: a greve dos jornalistas de São Paulo. Decidida em 17 de maio de 1979, "[...] efetivada dias depois (23/5) e, finalmente, encerrada após um rotundo fracasso (29/5)" (Dines, 2009), a greve teve como uma de suas consequências a criação da entidade que passou a congregar os empresários desse setor: a Associação Nacional de Jornais (ANJ). Segundo Dines, [...] a ANJ não foi criada em 17 de agosto de 1979 para defender a liberdade de imprensa, [...] a associação foi criada como uma resposta direta à greve dos jornalistas de São Paulo" (Dines, 2009). Como entidade patronal, portanto, a princípio interessada no desenvolvimento (tecnológico, industrial, comercial, empresarial) dos jornais de seus afiliados, foi a ANJ que chancelou ou promoveu cursos, seminários e outros eventos de atualização que, entre outras ações, apresentaram aos jornalistas brasileiros as propostas editoriais e gráficas de seus pares nos Estados Unidos e na Europa, especialmente a partir dos anos 1990.

Tanto a greve dos jornalistas em 1979 como a fundação da ANJ ocorrida no mesmo ano devem ser entendidas no (conflituoso) contexto da introdução das técnicas de administração industrial na produção jornalística nacional. O que significou, em termos práticos, a adoção do conceito – e também dos procedimentos produtivos inerentes a este – do jornal como produto industrial no âmbito da sociedade industrial capitalista moderna, como estavam se tornando as praças onde eram publicados os jornais filiados à ANJ. Carlos Eduardo Lins da Silva – que ocupava uma cadeira na direção da *Folha de S.Paulo* no período de implantação do mais discutido desses projetos – classificou o objeto de disputa entre jornalistas e empresas a partir da luta contra a entropia, "[...] considerada um imperativo social primário em qualquer organização" (Silva, 2005).

Ao discutir a implantação do *Projeto Folha*, posta em curso em 1984, Silva justifica sua adoção pela necessidade da empresa jornalística que depende exclusivamente do mercado[14] em organizar-se e equipar-se para vencer nele. Essas ações

14 Segundo o autor, coexistem no Brasil empresas jornalísticas que dependem e empresas que não dependem exclusivamente do mercado editorial. Estas últimas se manteriam à custa de trocas com outros setores da sociedade e do suporte material do Estado. Para isso, contribui a diversidade econômica do país, onde alguns estados não têm atividade econômica suficiente para manter um jornal.

teriam como objetivo combater a entropia, caracterizada por Silva, a partir da Teoria da Informação, como o estado de imprevisibilidade máxima, de total desordem ou caos, fatal para qualquer organização empresarial ou social, e que seria evitado com a produção e a utilização de informações adequadas. Em outras palavras, o *Projeto Folha* pretendia implantar, pela adoção de uma série de medidas – em sua maioria, normativas, como padrões, manuais, modelos etc. –, o controle organizado da produção do jornal, eliminando qualquer prática que se desviasse dessa proposta.

A reação dos jornalistas, em grande parte contrários ao projeto, se baseou em aspectos ligados a seu perfil político e ideológico, como relata Silva (2005). Os que consideravam seu trabalho uma forma de arte se opunham a qualquer esforço de organização metódica ou controle produtivo desse trabalho. Alguns consideravam ser própria do jornalismo diário uma complexa multiplicidade de temas e tarefas impossível de ser controlada por qualquer modelo, cuja administração diária estaria irremediavelmente presa ao ofício. Outros viam as medidas como uma forma de aculturação, uma vez que eram importadas sobretudo dos Estados Unidos, como afirma Medina:

> Para transformar uma redação de jornal de meio de boemia e sarau literário em meio de produção industrial, é preciso estruturar as equipes, dividir o trabalho, organizar o fluxo de ação profissional. Os modelos, que os EUA especializam, são exportados junto com as máquinas e, a partir de então, se estabelece mais um vínculo de dependência das matrizes internacionais: além do equipamento e *royalties* da dívida tecnológica, a imitação grosseira de esquemas de organização jornalística (*apud* Silva, 2005, p. 62).

A proposta então em marcha na *Folha de S.Paulo* – que teve o mérito de ser a primeira intencionalmente discutida e exposta pela empresa como estratégia de propaganda, mas não a genitora das demais, uma vez que o contexto da sociedade industrial capitalista empurrava as empresas jornalísticas nessa direção – teve reflexos na concorrência, e logo outras manifestações da adoção do sistema de organização industrial puderam ser observadas nos jornais do país. Uma delas diz respeito ao design da página de notícias.

15 Os *grids* das páginas de jornal eram predominantemente horizontais, expressando a divisão da largura das páginas em colunas. Com a racionalização introduzida pelas ações de design, a página passou a contar com módulos verticais, que a dividiam no sentido de sua altura. A conjugação dos dois facilitava a distribuição organizada do material no espaço da página.

Em 1984, quando tem início o *Projeto Folha*, a SND fazia a quinta edição de sua mostra competitiva anual, que ainda repercutia o impacto no design dos jornais norte-americanos e europeus do advento do *USA Today*, lançado havia dois anos. O debate em torno do papel do design nos jornais impressos se intensificava movido pela adoção da impressão *offset* em quatro cores e pelo uso crescente de infográficos, o que representava uma valorização da imagem como recurso jornalístico. O design das páginas de notícias representava a parte sensível (aos leitores) das mudanças organizacionais em andamento no interior das empresas jornalísticas. A modulação vertical (alturas) dos *grids*[15], a tipografia construindo e expressando a identidade visual dos veículos, os diversos modelos de peças gráficas[16] – boxes, quadros, entrevistas etc. – a partir de então padronizadas quanto ao estilo gráfico e, sobretudo, o uso de infográficos, a começar pelos mapas do tempo[17] e os gráficos numéricos, enfim, tudo isso constituía o repertório gráfico do período, introduzido pelo processo que passou a identificar as ações de atualização empresarial, industrial, editorial e gráfica dos jornais a partir dos anos 1980 conhecido como redesign.

2.7 As mudanças no design

Em 1984, ao fazer a reforma editorial que expressou seu projeto de reorganização empresarial, a *Folha de S.Paulo* adotou alguns desses princípios. Seu logotipo, assim como a tipografia usada nas páginas, tornou clara sua identidade visual, processo que se acentuou ao longo da década. O jornal paulista fora, até o começo dos anos 1970, um jornal sem muita importância no cenário nacional, perdendo em muito para *O Estado de S. Paulo*, seu maior concorrente local. A partir de 1974, muito pelo trabalho de Claudio Abramo[18], que conduziu as primeiras mudanças no sentido de transformar a *Folha* em um veículo de opinião, o jornal tomou o rumo que o faria crescer diante dos leitores, aumentando assim sua repercussão e relevância.

Em 1987, o jornal fez outra grande reforma, aprofundando ou corrigindo alguns dos pontos da primeira, mas principalmente acentuando a utilização da forma gráfica da página como elemento jornalístico (**figura 2.10**). Nesse sentido, o destaque dado aos gráficos informativos, especialmente o *indifolha*[19] – uma versão do *USA Today Snapshots* –, tornou-se emblemático. Nesse contexto histórico, seus concorrentes

16 Peça gráfica é o nome dado no Brasil aos diversos elementos que constituem o repertório usado na edição de jornais. Uma entrevista curta, por exemplo, terá uma forma definida que será empregada sempre que necessário, ajudando a compor a identidade visual do veículo. Embora seja anterior aos processos de *redesign* dos anos 1980, sua utilização tornou-se sistemática e radical a partir deles.

17 Mapas com a previsão meteorológica do dia, importante para agricultores, turistas e outros que dependam das condições do tempo para o trabalho ou lazer. Sua forma colorida e abrangente as tornaram um dos sucessos do *USA Today*, logo reproduzido pela concorrência.

18 Claudio Abramo foi, sem dúvida, um dos personagens mais importantes e influentes do jornalismo brasileiro da segunda metade do século XX. Contribuiu diretamente para a reformulação de *O Estado de S. Paulo* nos anos 1950 e, anos depois, conduziu a *Folha de S.Paulo* para o percurso que o jornal trilharia no último quarto do século. Quanto ao design, deixou colaborações importantes, como o planejamento da cobertura da visita do presidente Eisenhower a Brasília, ainda em construção, feita para o *Estado de S. Paulo*, antecipando práticas que se tornariam comuns nos anos 1980; e a concepção e o design das páginas de opinião e editorial (a página 2) da *Folha de S.Paulo*, mantidos até o presente. Controvertido por conta de suas posições políticas, o nome de Abramo foi sistematicamente deixado de lado pelos que escreveram a história dos dois jornais paulistas.

19 Gráficos ilustrados que mostravam a variação de determinadas grandezas ao longo do tempo ou em relação a outras grandezas ou objetos, de modo comparativo, valendo-se das formas de gráficos de barras, curva ou pizza.

Figura 2.10 – *Folha de S.Paulo* em 1988.
Fotografias em cores, infográficos na primeira página, cadernos com divisão alfanumérica para facilitar a navegação do leitor: o diário importara recursos gráficos de ponta dos EUA e Europa e lançava no país o modelo internacional de jornal.

diretos – *O Estado de S. Paulo*, *Jornal do Brasil* e *O Globo* – já eram jornais de expressão nacional, porém nenhum deles adotara ainda uma reforma tão radical. Esta veio de um jornal dito popular: o carioca *O Dia*.

Surgido em 1951, herdeiro tanto da forma gráfica como da linha editorial do *Última Hora*, o jornal tinha grande penetração entre as camadas mais pobres da população, sobretudo por conta da cobertura policial e do espaço dado aos *fait divers*, temas que escapavam da cobertura de jornais de elite, como era a *Folha de S.Paulo*. Ao longo da década de 1980, na dinâmica das reformas impostas por Ary Carvalho[20], *O Dia* criou suplementos de cultura, família e televisão, além de dar mais substância à cobertura política e econômica, esta desenvolvida com uma abordagem menos macroeconômica e mais voltada para o cotidiano. Quanto ao design, *O Dia* dessa fase adotou uma tipografia e *layouts* mais próximos dos padrões

---

20 O jornalista Ary Carvalho comprou o jornal do ex-governador Chagas Freitas em 1983. Valendo-se das oportunidades de um mercado em crise, contratou vários profissionais oriundos do *Jornal do Brasil* e pôs em marcha uma reforma que visava a construir um jornal de qualidade, sem deixar de ser popular.

A página de notícias no Brasil

Figura 2.11 – Sinal de mudança.
O logotipo de *O Dia* abandonou a semelhança com o *Última Hora*, aproximando-se do tipo de jornalismo praticado pelo *Jornal do Brasil* (reproduzido de Sandroni, 2001, p. 51).

gráficos dos jornais de onde vinham seus autores, em especial as páginas de cultura do *Jornal do Brasil*, do que é prova incontestável a mudança em seu logotipo (**figura 2.11**). Nesse contexto, a questão gerencial entrou em pauta, para que se pudesse dar à empresa condições de se modernizar a ponto de atender ao mercado, que se mostrava promissor inclusive do ponto de vista dos anunciantes.

Em 1989, Carvalho colocou o genro Walter Mattos Jr. na direção do processo. Mattos introduziu um novo modelo de gerenciamento, tornando o marketing do jornal mais agressivo e estabilizando as finanças da empresa para viabilizar a modernização da redação e do parque gráfico do jornal. O designer Mario Garcia, um cubano radicado nos Estados Unidos, tido então como o mais importante consultor em design de jornais do mundo, foi contratado para desenvolver o novo projeto gráfico de *O Dia*. Em 5 de julho de 1992, o jornal chegou às bancas com uma edição de 112 páginas, 32 delas em cores e 32 de classificados, totalmente redesenhado (**figura 2.12**). É preciso destacar que o projeto que chegara às ruas não era, na íntegra, o original de Garcia, mas uma adaptação feita pelo editor de arte Ivanir Yasbeck, pela designer Claudia Duarte e pelo editor-chefe Eucimar de Oliveira.

Se o lançamento do *Projeto Folha*, anos antes, tivera impacto na conceituação da organização do trabalho jornalístico, o novo *O Dia* impactara na forma do produto desse trabalho. O jornal funcionou, indiretamente, como um grande laboratório para a experimentação em dois campos – o uso das cores e o uso de

Figura 2.12 – A forma do popular.
O novo design de *O Dia*, em 1992, lançou as bases do que seria o jornal popular: cores, textos curtos, bom humor, ilustrações. Logo seria copiado pelo Brasil.

infográficos –, como afirma Oliveira: "Não tínhamos experiência de jornalismo em cores, e as dúvidas e questionamentos apareciam a cada momento" (*apud* Sandroni, 2001, p. 111). O fato de não ser um jornal de elite, aliado a essa falta de experiência, conferiu certa liberdade para que se usasse cor em praticamente tudo, comprometendo o resultado final em alguns casos, mas ajudando a construir empiricamente uma base de conhecimento que passou a ser adotada pelos designers do jornal.

No fim de junho de 1992, dois jornalistas ligados à Universidad de Navarra – Juan Corrales, professor da instituição, e Mario Tascón, editor de infografia do jornal espanhol *El Mundo* – ministraram um curso sobre infografia para a equipe de arte de *O Dia*. Os consultores espanhóis pregavam a aproximação dos designers do centro de decisão da redação, interferindo na produção logo em sua fase inicial, em vez de figurar como uma espécie de prestadores de serviço, na ponta final do processo de edição, como era o costume. Em 23 de junho de

A página de notícias no Brasil 73

Figura 2.13 – A infografia em *O Dia*.
Traço marcante do design de *O Dia* nos anos 1990, o uso de infográficos deu ao jornal reconhecimento internacional. O infográfico sobre Mike Tyson foi o primeiro trabalho brasileiro a ganhar um Prêmio Malofiej.

1992, foi publicado o primeiro infográfico no jornal. A partir daí, a redação foi gradativamente se adaptando ao novo fluxo de produção que incluía o design em sua etapa de planejamento, e o jornal acabou se destacando pelo uso de infografia no país, conquistando prêmios internacionais, em especial o Malofiej[21] de 1996 (**figura 2.13**).

2.8 As reações às reformas

O Design chegara às redações brasileiras como parte das medidas tomadas visando à modernização das empresas jornalísticas, que incluíam as referidas mudanças gerenciais; o estabelecimento de normas e rotinas para a produção de jornais; a introdução de sistemas de controle e a avaliação dessa produção; os investimentos visando à modernização dos parques industriais; a introdução dos sistemas de editoração

21 Os prêmios Malofiej de infografia são conferidos anualmente pelo Capítulo Espanhol da SND e pela Universidad de Navarra para os jornais que se destacaram na produção de infográficos nas mídias impressas e digitais. É a mais importante distinção conferida nesse campo.

eletrônica, que alteraram o fluxo de produção ao eliminar algumas de suas etapas; a automação e a informatização gradual do processo de produção; a imposição de normas de redação e estilo gráfico; enfim, a padronização do produto jornalístico. Tal conjunto de mudanças fora gestado pela direção das empresas jornalísticas, que também se modificara ao incluir administradores, engenheiros de produção e profissionais de marketing em seus quadros. A figura do "velho homem de imprensa", o jornalista calejado e experimentado, que erguera e conduzia seu próprio jornal, era cada vez mais rara.

Os sistemas de editoração introduziram o uso dos modelos de página (*templates*), padrões de página pré-diagramados que ficavam à disposição nos arquivos do sistema e eram usados de acordo com a situação de edição. Parte do projeto gráfico consistia no desenho dessas páginas-modelo. Na prática, qualquer pessoa que conhecesse o sistema poderia montar uma página, bastando para isso colocar os elementos (fotos, ilustrações, textos etc.) nos espaços predeterminados, seguindo os padrões tipográficos da publicação. Isso reduziu (em todos os sentidos) o trabalho dos jornalistas. Por esse motivo, a valorização do design e da visualidade da página de notícias tornou-se o aspecto mais facilmente identificável das mudanças. A infografia, que caracterizou os jornais produzidos a partir das reformas, tornou-se o alvo preferencial dos críticos. Disso é prova o comentário de Alberto Dines a respeito da cobertura do acidente com o Fokker-100 da TAM:

> Nos mandamentos do jornalismo-opus-dei imposto pelos quadros superiores das empresas jornalísticas às redações consta o simplístico axioma de que um infográfico vale por mil palavras. [...] Para colocar esta infofilia no devido lugar, basta examinar as edições dos jornais e revistas nos dias seguintes ao desastre do Fokker – foram os infográficos que comoveram os leitores ou foram os esquemas visuais explicativos (o melhor, aliás, foi do portenho *El Clarín*)? A *Gazeta Mercantil* e, dias depois, a *Veja* conseguiram individuar e humanizar aquelas 100 tragédias com desenhos ou com palavras, valeu o engenho literário ou o visual? (Dines, 1996).

Seu texto nos permite perceber a extensão do conflito, assim como sua ideologização. As mudanças estavam relacionadas à adoção de outro rumo gerencial tomado pela direção das empresas jornalísticas, com forte influência das consultorias estrangeiras, destacando-se, entre elas, a Universidad de Navarra, ligada à Opus Dei[22]. Essa instituição de ensino fora a grande incentivadora do jornalismo visual, sobretudo da infografia no período. Além disso, exercia influência sobre a ANJ, na qual mantinha um representante seu – como colaborador –, o prof. Carlos Alberto Di Franco. Dines, um jornalista cujo perfil irretocável se enquadra no do "velho homem de imprensa", fora o capitão do *Jornal do Brasil* em sua fase mais emblemática (1962-1973) e representava exatamente aquela categoria de jornalistas brilhantes que fora substituída por gerentes eficientes pelas reformas impostas pelos donos das empresas jornalísticas. Ao costurar todo esse contexto em sua crítica, Dines deu sentido ao comentário feito 25 anos depois pelo então presidente Lula, acerca da greve dos jornalistas de 1979, cujo desenrolar acompanhara como sindicalista: "[...] Naquele momento os empresários provaram que era possível fazer jornal sem jornalistas"[23]. Esse fora o ponto central do problema.

2.9 As reformas se espalham pelo Brasil

Em meio à polêmica, o movimento de reformulação da imprensa continuou durante toda a década de 1990 e se estendeu para além dela, configurando no Brasil o que parece ter se tornado uma característica do jornalismo mundial dali para a frente: os cíclicos processos de redesign de jornais. Em 1993, Mario Garcia redesenhou *O Estado de S. Paulo* (**figura 2.14**) e, em Belo Horizonte, o *Estado de Minas* (**figura 2.15**) e o *Diário da Tarde*. Em 1995, *O Globo* contratou o escritório de Milton Glaser e Walter Bernard para desenvolver seu novo projeto (**figuras 2.16 e 2.17**). Glaser e Bernard já haviam redesenhado o jornal *La Vanguardia* de Barcelona (1989) e integraram seu projeto à série de mudanças industriais em curso no jornal carioca: nova identidade visual, uso diário da cor, novos suplementos, maior espaço para fotografias, ilustrações e infografias etc.

Em 1996, por conta da importância conferida pelos jornais ao design, foi criada a categoria "criação gráfica" no Prêmio Esso de Jornalismo[24], a mais tradicional distinção do jornalismo brasileiro. Prova incontestável da inclusão do design no campo das categorias jornalísticas, bem como de sua valorização pelo setor.

22 A Opus Dei é um grupo oriundo da Igreja Católica Romana que desfruta do *status* de prelazia pessoal da Igreja. Embora reconhecido pelo Vaticano, é bastante controvertido e se tornou mais conhecido a partir da obra literária *O código Da Vinci*, de Dan Brown. Seu fundador, José Maria Escrivá, também alvo de polêmica, foi canonizado pela Igreja depois de um breve processo. Escrivá foi o fundador da Universidade de Navarra, situada em Pamplona, Espanha, onde está o centro de estudos sobre jornalismo visual. Sobre a Opus Dei, ver Ferreira, Lauand e Silva (2005).

23 Lula, em discurso para jornalistas na solenidade em comemoração ao Dia do Jornalista realizada em Brasília, em 7 de abril de 2004 (*apud* Garcia, 2004).

24 Criado em 1955, inicialmente se concentrava na premiação de reportagens e fotografias. As categorias foram surgindo ao longo dos anos de modo a incluir as áreas de especialização e os segmentos de cobertura que nasceram com a concentração das empresas jornalísticas e o crescimento dos jornais.

Figuras 2.14 e 2.15 – Os "novos estados" de Mario Garcia.
Dois projetos de jornais de referência com diferentes proporções: enquanto *O Estado de S. Paulo* se caracteriza pela concentração (exagerada) de notícias e peças gráficas, o *Estado de Minas* é mais comedido, embora mantenha o estilo clássico dos jornais de opinião.

Em 1997, estimulada pela estabilização econômica alcançada com o Plano Real, que aumentou o poder de compra das camadas economicamente menos favorecidas da população, a Infoglobo Comunicações – empresa que editava *O Globo* – lançou o jornal *Extra*, com foco nessa camada emergente. É um equívoco considerar que as empresas jornalísticas visaram tal grupo apenas a fim de vender jornais para uma camada que não podia comprá-los até então. O que motivou os projetos de jornais populares foi o fato de essa camada ter se tornado consumidora de bens e serviços, o que interessou sobretudo às redes de varejo, potenciais anunciantes desse tipo de veículo, que não se identificavam com os jornais de elite.

A página de notícias no Brasil

Figuras 2.16 e 2.17 – Reformulação de *O Globo*.
Na primeira metade da década de 1990, o jornal fez ajustes no design e na organização das notícias. A mudança total veio em dezembro de 1995, com o novo design de Milton Glaser e Walter Bernard.

No caso específico do surgimento do *Extra*, a esse fator comercial soma-se o contexto de concorrência entre os jornais cariocas em meados da década de 1990, que se desenrolava de forma complexa entre *O Globo* e *O Dia*. O lançamento do *Extra* contribuiu para bloquear o crescimento de *O Dia*, comprometendo seus planos de qualificação[25], ou seja, de avançar nas camadas mais altas da classe média, reduto de *O Globo*. Para tanto, *O Dia* contratara, em 1998, o escritório de Antoni Cases[26] para desenvolver um novo projeto gráfico e editorial, que previa a impressão de todo o jornal em cores (**figura 2.18**) – o que impunha a modernização do parque gráfico, ou seja, a importação de equipamentos e tecnologia – além do lançamento de uma revista dominical de comportamento e

25 O desenvolvimento de projetos de qualificação de jornais foi um elemento característico da adoção das novas formas de gestão das empresas jornalísticas a partir dos anos 1980. No complexo universo do mercado de jornais, tal ação é bastante arriscada em função da irremediável perda de leitores na camada de origem do jornal que pretende se qualificar. Se não lograr êxito no movimento em direção ao novo público, o jornal corre o risco de não conseguir voltar para sua antiga audiência.

26 *Cases i Associats*, escritório catalão de design editorial, cujo principal projeto até então fora o redesenho do jornal argentino *El Clarín*.

Figura 2.18 – *Full color.*
A primeira edição do ambicioso projeto de qualificação de *O Dia*, que introduziu cores em todas as páginas na tentativa de buscar anunciantes.

variedades. O projeto, ambicioso e caro, acabou prejudicado pela dinâmica do cenário econômico daquele período, afetado pela crise da Ásia, e também pelo lançamento do *Extra*.

O design do *Extra*, desenvolvido por Roger Vallès em parceria com Eucimar de Oliveira, mantinha semelhanças formais com o *Última Hora* dos anos 1950 – assim como *O Dia* – e tinha quadros coloridos, fotos generosas e uma sólida organização tipográfica, planejada para facilitar o trabalho de uma equipe pequena, tudo dentro dos limites impostos pelo baixo orçamento previsto para o projeto. Embora o recurso da sensualidade das fotos estivesse presente, ele não era explorado de modo exagerado ou gratuito – como o faziam jornais populares de outras regiões –, o que o aproximava do projeto de *O Dia*, também conduzido por Oliveira no começo da década de 1990. Ambos usavam bastante a cor nas ilustrações, fotografias, cabeçalhos, quadros e na tipografia das capas de suplementos e em algumas páginas especiais, que contrastavam com a organização pretensiosamente instável das demais.

O Globo e o *Jornal do Brasil* não costumavam usar quadros coloridos para destacar ou separar assuntos, recorrendo ao uso de fios para isso. A tipografia era comedida, expressando o valor editorial dos assuntos ou a função de cada sentença (títulos, subtítulos, legendas etc.) impressa e mantendo o *layout* da página estável e previsível. As únicas exceções eram os suplementos, especialmente os de moda, nos quais eram permitidas violações a toda essa limpeza gráfica. Esse design expressava de tal forma a separação entre os públicos visados que *O Dia*, em sua tentativa de qualificação, teve como uma das metas de seu projeto de redesign reduzir o uso de cor nas páginas.

O escritório de Antoni Cases também desenvolveu o projeto do diário esportivo *Lance!*, fundado por Walter de Mattos Jr., ex-vice-presidente de *O Dia*. Mattos usou os conhecimentos que acumulara em seu período em *O Dia* para desenvolver talvez o projeto mais significativo daquele período em relação ao emprego do Design na produção de jornais no Brasil. Uma série de ações de planejamento que apontam nessa direção pode ser identificada desde a escolha do segmento – esportes, em especial o futebol – até a definição do formato (tabloide), passando pela identidade visual; pela modulação das páginas; pela criação de peças gráficas de fácil utilização; pela criação de redações e parques gráficos em outras cidades ampliando o alcance do veículo; pelo uso de cor em todas as páginas; pelo planejamento de promoções e ações de marketing; pelo desenvolvimento de um sistema de mídia próprio – com TV, jornal *on-line*, rádio e revistas – e pelo desenho do espaço físico da redação.

Em janeiro de 1999, *O Globo* inaugurou seu novo parque gráfico, informatizado e com parte do trabalho realizado por robôs. Enviadas por ondas de rádio da sede do jornal no centro do Rio até a gráfica, no município de Duque de Caxias, as páginas eram transformadas em filme[27] e, então, passadas para as chapas de impressão em *offset*. Situada na rodovia Washington Luís, ao lado do Aeroporto Internacional do Rio de Janeiro e próxima das principais rodovias que ligam a cidade a outros centros importantes do estado e do país, as páginas impressas, cortadas, dobradas e encadernadas mecanicamente poderiam ser facilmente transportadas para qualquer lugar. Essa rotina de produção indica a adoção pela empresa jornalística de técnicas de distribuição que se alinham às de outras indústrias e contrastam com aquelas postas em prática na

27 Em 2009, o jornal passa a empregar de forma definitiva a tecnologia CTP (*Computer to Plate*) em seu processo de produção, dispensando assim os filmes (fotolitos) e os custos de sua utilização.

fase de modernização da imprensa do começo do século XX, quando os jornais passaram a reunir, em um mesmo edifício, redação e gráfica.

2.10 O *Correio Braziliense*

Um fato relevante para o design da página de notícias no Brasil no fim do século XX foi a reforma gráfica e editorial do *Correio Braziliense*. Dividida por Ricardo Noblat – seu mentor – em três etapas, essa reforma pode ser entendida como uma síntese das transformações ocorridas na imprensa brasileira nos anos 1990. A primeira ocorreu em fevereiro de 1994 e, segundo Noblat, "significou uma correção no rumo editorial do *Correio*" (Noblat, 2002). Até então, o jornal, fundado em Brasília (**figura 2.19**) por Assis Chateaubriand com a nova capital federal (21 de abril de 1960), contava com profissionais que tinham outro emprego, não investiam em reportagens,

Figura 2.19 – O jornal da nova capital.
A primeira edição do *Correio Braziliense* circulou em meio à festa de inauguração de Brasília. Em 30 anos, o jornal acumulou problemas e não acompanhou o crescimento da cidade.

optando por publicar *releases* e material de agências, traficavam influência, além de cultivarem certo clientelismo em relação ao governo e suas empresas, de quem o jornal dependia financeiramente. Em 1994, o jornal acabou com essas práticas e renovou 90% do quadro de funcionários (Noblat, 2002, p. 144-145).

A segunda etapa aconteceu em 21 de abril de 1996, com o lançamento do projeto gráfico que deu visibilidade a essas mudanças. "A tipologia, a logomarca, as cores, o desenho das páginas, tudo mudara" (Noblat, 2002, p. 146). Segundo Noblat, essa etapa marcou o início propriamente dito da reforma, o que revela a percepção do papel do Design em auxiliar as mudanças, ao organizar o espaço da página e torná-las perceptíveis, explícitas, identificáveis. As mudanças de orientação ocorridas em 1994 tornaram-se visíveis em 1996 por meio de uma mudança maior em seu design (**figura 2.20**). Embora ambas tivessem o apoio dos especialistas da Universidad de

Figura 2.20 – *World Best Designed.*
Conduzida por Francisco Amaral, a reforma de 1996 deu visibilidade ao novo projeto editorial do *Correio Braziliense* e recebeu a mais alta premiação do setor, em 1999.

Navarra, sua inteligência gráfica foi obra de Francisco Amaral, designer que desenvolveu o projeto e as peças que melhor expressam sua aplicação, sobretudo nas primeiras páginas do jornal, que se tornaram sua principal marca. O jornal seguia à risca um dos pontos que a reforma preconizara: o maior emprego de recursos visuais.

A terceira e última etapa da descrição de Noblat tem início em 1º de julho de 2000, com o lançamento do novo projeto gráfico e editorial do jornal (**figura 2.21**), marcando "[...] a ruptura com o modelo de jornal que ainda vigora por toda parte", nas palavras do autor (Noblat, 2002, p. 147). As ações que caracterizaram essa ruptura foram descritas por seu mentor a partir

Figura 2.21 – O design de notícias.
A reforma de 2000 criou um modelo diferente de jornal, predominantemente visual, sem deixar de ser informativo, como pregavam os críticos. Com esse projeto, o Correio Braziliense recebeu 35 prêmios no concurso anual da SND em 2001, o maior número de prêmios já conferido a um jornal brasileiro pela instituição em uma só edição do evento.

daquela que mais a identificava com a aplicação do Design no processo: o planejamento. O jornal de qualidade superior que a reforma objetivava não poderia ser produzido de um dia para o outro, sem planejamento. Nas palavras de Noblat, "o jornal de amanhã deve surpreender o leitor que ainda não o recebeu, jamais o jornalista que o fez" (Noblat, 2002, p. 148). Para tanto, o jornal promoveu mudanças nos horários e na própria rotina de produção, fazendo uma inversão para viabilizar esse planejamento. Editores, que tradicionalmente chegam na parte da tarde às redações para dirigir o fechamento da edição, passaram a chegar pela manhã para planejá-la, deixando o fechamento a cargo de auxiliares diretos.

Graficamente, outra ruptura: "é a relevância dos assuntos e a afinidade entre eles que determinam a paginação do jornal" (Noblat, 2002, p. 149), conceito que se opunha à tradicional divisão das páginas por editorias e seções dispostas em uma sequência fixa (por exemplo, a sequência nacional, cidade, economia, internacional, esportes etc.), que expressa sua relevância para o jornal. Para viabilizar essa distribuição ortodoxa, os jornalistas são distribuídos pelas editorias de acordo com sua importância, independentemente dos assuntos que tenham no dia. No modelo proposto pelo *Correio Braziliense,* porém,

> [...] editores e repórteres produzem matérias para todo o jornal. O espaço de cada editoria é proporcional ao número de boas matérias que ela tenha. O número de repórteres, também. Criam-se editorias para cuidar de assuntos especiais. E logo que eles se esgotam, dissolvem-se as editorias (Noblat, 2002, p. 149).

Esse jornal planejado procurava diferenciar-se da cobertura dos demais jornais e das outras mídias ao apostar em matérias exclusivas, nas notícias ignoradas pela concorrência (invisíveis), enfim, na cobertura ambiciosa de poucos assuntos (Noblat, 2002).

No que se refere ao Design, o projeto do *Correio Braziliense* era taxativo: "[...] tudo o que puder ser correta e convenientemente informado por meio de recursos visuais assim deverá ser" (Noblat, 2002, p. 152). O que não se constituía em nenhuma novidade, posto que as reformas gráficas dos jornais do eixo Rio-São Paulo desenvolvidas no começo da década de 1990 já procuravam seguir esse postulado (característico das consultorias vinculadas à Universidade de Navarra), embora o fizessem parcialmente, por conta das peculiaridades de seus mercados, diferentes de Brasília, e da identidade que construíram ao longo de sua existência – mais longa, se comparada ao jornal brasiliense –, objeto de identificação por parte dos leitores. O *Correio Braziliense*, porém, levou essas prerrogativas às últimas consequências:

> No velho jornal: o importante era o texto, somente o texto, nada mais que o texto. Utilizavam-se fotografias – desde que não tomassem o espaço do texto. Se ameaçassem tomar, sumiam ou tinham o tamanho reduzido. [...] No novo jornal: o que importa é comunicar bem ao leitor o que se quer comunicar. Se um gráfico, em determinados casos, comunica melhor, publique-se o gráfico, subtraia-se o texto (Noblat, 2002, p. 152).

Editorialmente diferenciado e visualmente impactante, ao completar a terceira etapa da reforma iniciada em 1994, o jornal atingiu seus objetivos de ampliar o número de leitores, aumentando sua circulação em 64% (Noblat, 2002, p. 154). No campo do Design, em 1999, em pleno desenvolvimento do processo de mudança, o jornal foi agraciado com o *World Best Designed*, prêmio conferido anualmente pela SND para os jornais que apresentaram o melhor Design do mundo no ano anterior. Inédito para um jornal brasileiro, tal distinção incluiu o Distrito Federal no centro de excelência na produção do design de notícias no país.

Pode-se afirmar que as transformações postas em andamento em Brasília nos anos 1990 correspondiam às iniciadas no fim dos anos 1980 em jornais como a *Folha de S.Paulo* ou *O Dia*: a substituição de um modelo editorial jornalístico centrado em práticas personalistas e pouco eficientes do ponto de vista comercial por outro, profissional e organizado com vistas a atender aos leitores e ao mercado, modelo este viabilizado pelo design tanto em relação à produção como à mediação. Porém, o comprometimento do design no processo foi diferente em cada um deles, atingindo padrões de excelência no *Correio Braziliense*.

2.11 A consolidação do design de notícias no Brasil

O movimento em direção à consolidação do Design no mercado editorial jornalístico pode ser identificado em diversas ações, sobretudo os projetos de redesenho desenvolvidos pelas empresas jornalísticas, mas também pela ANJ. Esta promoveu um grande seminário sobre design de jornais em 1995, coincidindo com o lançamento do novo projeto do *Estado de Minas*, desenvolvido por Mario Garcia com a consultoria da Universidad de Navarra. Em 2005, a entidade criou um Subcomitê de Design e Fotografia, confiando sua coordenação a Leo Tavejnhansky, editor de arte de *O Globo*. A primeira ação desse subcomitê foi a realização de um *workshop* internacional no fim de maio de 2006, com o título *Jornais diários – Projetos gráficos do século XXI*. Apesar de bastante disputados, os eventos eram marcadamente profissionais. A academia contemplou o assunto em 2003, com a realização do Primeiro Seminário de Tendências em Design de Notícias, promovido pelo Laboratório da Comunicação no Design (LabCom) do Departamento de Artes e Design da PUC-Rio, igualmente concorrido.

A primeira década do século XXI assistiu a uma série de projetos de redesign, que envolveram jornais do sul ao norte do Brasil, supervisionados ou dirigidos por consultorias internacionais. A questão do formato, que dominara a discussão no exterior motivada pelo redesign dos jornais ingleses, chegou ao Brasil de forma tímida. Enquanto o Sul consolidou historicamente o uso do tabloide, no restante do país o formato *standart* continuou dominante, exceto no Rio de Janeiro. Na antiga capital da República, o mercado adquiriu uma configuração bastante peculiar, na qual *O Globo* se mantinha voltado para a classe média alta, enquanto os demais jornais brigavam pelas camadas intermediárias e baixas do mercado. O centenário *Jornal do Brasil* adotou um formato reduzido mais como estratégia de marketing que como expressão de um novo projeto editorial ou de uma reestruturação no modelo gerencial da empresa. Atingido pela queda na circulação, o *Jornal do Brasil* apropriou-se da mudança de formato – que teve outras razões na Inglaterra[28] – e também da cor azul usada na identidade visual de alguns conceituados jornais europeus – *Le Monde*, *The Guardian*, *La Republica*, entre outros. Com isso, o jornal pretendia incluir-se nesse seleto grupo de jornais de referência internacional, visando assim recuperar prestígio e leitores.

Outro jornal que mudou o formato foi *O Dia*. Com a circulação comprometida em razão das ações da concorrência e das contingências da economia, o jornal enfrentou uma crise interna, iniciada com a morte de Ary Carvalho, em 2003.

28 A mais destacada foi a reformulação do *Guardian*, em 2006, cujos objetivos estavam ligados a uma revisão das desconfortáveis dimensões do jornal, de modo a tornar o produto mais adequado ao contexto de expansão do uso das mídias portáteis. Ao fazê-lo, o jornal visava a recuperar suas vendas entre o público mais jovem. Foi logo associado à ideia de modernização dos jornais impressos.

O jornal recontratou Eucimar de Oliveira para implantar um novo projeto editorial, visando sua recuperação no mercado. Oliveira, com o designer espanhol Roger Vallès, desenvolveu dois projetos para a casa. O primeiro, lançado em 2006 para *O Dia*, manteve o formato *standart*, mas mudou a tipografia e a identidade visual, adotando o contraste entre laranja e azul, sobretudo para expressar a mudança no projeto editorial do jornal, que passou a buscar a classe média. O segundo, datado do mesmo ano, foi de um jornal tabloide voltado para as camadas mais baixas da classe média, seguindo à risca o modelo popularizado por Oliveira em sua passagem anterior à frente de *O Dia*. O tabloide criado por Oliveira e Vallès recebeu o nome de *Meia-Hora*.

A dinâmica da disputa pelo mercado carioca criou então uma situação inusitada para o design de jornais. *Meia-Hora*, *O Dia* e *Extra* haviam sido desenhados pelo mesmo designer, Roger Vallès, que empregou seu vocabulário gráfico – sobretudo tipográfico – nos três projetos, tornando-os semelhantes. Mesmo usando o azul, *O Dia* continuava editorialmente distante da classe média e graficamente próximo dos jornais populares. Nesse contexto, a Infoglobo Comunicações tornou mais agressiva a política de promoções do *Extra* e também lançou um tabloide voltado para o mesmo público do *Meia--Hora*, chamado *Expresso*. Obrigado a reagir e sem Oliveira, que deixara o jornal, *O Dia* empregou seu *staff*, liderado pelo editor executivo de arte[29], André Hippertt, para desenvolver um novo redesign em 2009. O projeto recuperou as cores institucionais da publicação em sua melhor fase (amarelo e azul); adotou novas famílias tipográficas, separando-se do estilo de Vallès presente na concorrência; recuperou ou definiu a identidade visual dos suplementos publicados pelo jornal; redefiniu o espaço dedicado à infografia, concentrando suas ações em projetos especiais e, principalmente, adotou o formato *berliner* para o jornal, mais uma vez separando-se da concorrência.

Fora do Rio de Janeiro, foram desenvolvidos projetos de redesign de jornais no Norte e Nordeste do país, nos moldes dos que haviam sido realizados na década anterior no Sudeste. *O Povo* de Fortaleza, *A Tarde* e o *Correio* de Salvador, *A Tribuna* de Manaus são alguns dos diários que adotaram novos projetos gráficos e editoriais na virada do século, todos com o suporte de consultores estrangeiros. Em Recife, o *Jornal do*

29 *O Dia* é o único jornal brasileiro a manter a função.

Commercio e o *Diário de Pernambuco*, este ligado aos *Diários Associados*, anteciparam esse movimento de reforma na região, acompanhando os pares do Sudeste e Centro-Oeste desde meados dos anos 1990.

Em 2004, aconteceu a reforma do *Estado de S. Paulo*. Fundado em 1875, o jornal chegara ao século XXI mantendo praticamente a mesma forma com que era produzido desde a década de 1970. Nessa trajetória, vira o cenário político e econômico do país se modificar e, em meio a ele, seu concorrente direto, a *Folha de S.Paulo*, desenvolver mudanças radicais em seu projeto editorial e gráfico e tornar-se o jornal de maior circulação no país. O jornal chegou a esboçar algumas mudanças, contratando o escritório de Mario Garcia, mas foram pontuais e não modificaram de forma sensível o veículo, preservando a cultura de edição empregada na produção do jornal. Nesse contexto, o *Estado de S. Paulo* não só perdera leitores como também vira seu prestígio encolher diante do avanço da concorrência, embora continuasse a ser um dos três jornais mais influentes do Brasil.

O escritório de Antoni Cases – que desde 2002 contava com Francisco Amaral como diretor de criação – foi contratado para o projeto. Internamente, a empreitada se deu no sentido de desenvolver novos fluxos de produção e realocar as pessoas em novas posições, o que significou treiná-las dentro da cultura profissional e empresarial que se pretendia implantar, mas também desenvolver estratégias para conter as (naturais) reações de rejeição por parte dos que temiam perder seu espaço. A face mais visível do processo, claro, foi o novo design do jornal. Sua implantação obedeceu a três fases distintas, desenvolvidas gradualmente no sentido de evitar chocar os leitores já familiarizados com o jornal, que não mudara tanto quanto os demais ao longo dos anos.

A primeira dessas fases (**figura 2.22**) foi notadamente tipográfica e correspondeu à supressão das variações de espaço entre letras, entre palavras ou mesmo do corpo dos textos, modificados de forma indiscriminada para fazer caber títulos e textos no espaço previamente determinado para eles. O jornal era predominantemente verbal e tais variações mantinham o *layout* das páginas em uma forma que não destacava nenhum elemento ou assunto. Ao conter essas variações mantendo fixas as características tipográficas (corpo, estilo, *kerning*, entrelinha etc.), os espaços em branco apareceram naturalmente, arejando a página. Essa ação implicava uma mudança cultural, uma vez que subordinava o texto à forma gráfica de cada peça da página. Foram mantidas as famílias Helvética e Times empregadas no jornal.

A segunda etapa correspondeu à introdução do novo desenho das páginas e, atrelado a ele, da nova organização editorial dos assuntos. Sem mudar as famílias tipográficas, foram desenhados novos cabeçalhos, títulos, seções, quadros, enfim, todas as peças gráficas necessárias à edição. O jornal passou a usar a cor em fotos e ilustrações, além de adotá-la como um recurso de identificação, separando as seções internamente e conferindo identidade a novos e antigos suplementos. O uso da imagem foi se tornando mais sofisticado que o usual, sobretudo quanto a fotografias e infográficos. Somado a isso, houve um esforço no sentido de hierarquizar graficamente as informações, organizando-as no espaço interno do jornal.

A terceira etapa (**figura 2.23**) se deu quando, uma vez implantado o novo desenho das páginas e o novo projeto editorial, as famílias tipográficas Helvética e Times foram substituídas pela Benton Modern em suas versões com e sem serifa.

Em março de 2010, o jornal passou por mais uma complexa reformulação (**figura 2.24**), que mudou sua abordagem editorial, ao investir mais na reportagem e ampliar o espaço para o jornalismo interpretativo. Foram lançados novos produtos e reformuladas algumas seções. Quanto a seus aspectos gráficos, a mudança mais significativa se deu pela introdução de tipografias exclusivas, desenhadas pelo designer português Mario Feliciano – Estado Headline, Estado Fine e Flama. O jornal também consolidou a posição do Design em seu planejamento ao instituir o cargo de diretor de arte para o Grupo Estado, ocupado por Fabio Salles, um designer formado pela ESDI.

Concorrente direto do *Estado de S. Paulo*, a *Folha de S.Paulo* lançou novo design em maio de 2010. Conduzido por Eliane Stephan, a reforma procurou atingir três pontos: aumentar a legibilidade; aperfeiçoar a organização melhorando a hierarquização dos assuntos; reforçar a unidade entre as páginas, fortalecendo a identidade visual do veículo. Para tanto, adotou nova tipografia, desenhada por Erik Spiekermann e Christian Schwartz, e modificou sua paleta de cores. A mudança mais significativa foi a redução no comprimento das matérias, compensada pelo aumento no corpo das fontes usadas para o texto em 10%. Embora anunciada como expressão de objetividade,

A página de notícias no Brasil 89

Figura 2.22   Figura 2.23

Figura 2.24

Figuras 2.22, 2.23 e 2.24 – Reforma em etapas.
O *Estado de S. Paulo* em 2004, 2006 e 2010. O redesign refletiu uma mudança na cultura de edição, que interferia na forma final do produto.

tal redução está relacionada ao aproveitamento do material para veiculação em outras mídias – *desktop*, celular, Kindle, iPad etc. – visadas pela empresa.

Por conta das características dessas mídias, as notícias produzidas para jornais impressos deveriam passar por um processo de reformulação em sua redação e no uso de ilustrações para que pudessem ser veiculadas nesses aparelhos. Ou seja, uma notícia publicada na versão impressa de um jornal era modificada em sua forma (estrutura, tamanho, tipografia, uso de fotografias, infográficos ou desenhos etc.) para se adequar às características das tecnologias específicas usadas em suas versões digitais (resolução das imagens, legibilidade dos tipos nos monitores, comprimento das linhas de texto nos monitores, possibilidade de remissão para outros textos ou ilustrações etc.). A ação empreendida pela *Folha de S.Paulo* supostamente elimina parte desse esforço de adequação ao reduzir em sua versão impressa o comprimento dos textos e modificar sua linguagem, ampliando a possibilidade de reprodução desses textos nas versões digitais que o jornal oferece.

Trata-se de uma mudança semelhante àquela introduzida nos jornais pelo aproveitamento do material produzido pelas agências de notícias nos anos 1950 (Ribeiro, 2007; Bahia, 1990), que escreviam o texto segundo uma estrutura que se distinguia daquela que era então usual nas redações – mais rebuscada e, portanto, mais próxima da literatura do que da ideia de objetividade jornalística. As agências escreviam as notícias dispondo no primeiro parágrafo as informações mais importantes em relação ao fato que reportavam – quem, o quê, quando, como, onde, por quê –, constituindo assim o chamado *lead*. Tinham como objetivo preservar os elementos mais importantes do relato diante das variações de tamanho disponível nas publicações que assinavam seus serviços. Se o texto de uma agência precisasse ser reduzido em função do espaço, bastaria ao jornal preservar as informações do *lead*, dispensando ou reescrevendo as demais. No caso da *Folha de S.Paulo*, o redesenho supostamente possibilita que seja preservada nas versões digitais a forma pela qual o jornal oferece a notícia na versão impressa.

Questões conceituais relacionadas ao design de notícias

3

O design das páginas de notícias, como objeto de estudo, está situado na interseção entre dois importantes campos ligados à comunicação humana, cada um deles com seus pensadores, tradições, conhecimentos adquiridos por suas práticas ou por seus percursos acadêmicos, quais sejam o Design e o Jornalismo. Contemplado de maneira pontual no Jornalismo, embora não ultrapasse o terreno da diagramação ou do planejamento gráfico, tem sua inserção ainda mais restrita no campo do Design. Para fazê-lo, um recurso válido é o de se estabelecer relações entre o objeto e algumas das linhas de pensamento ou de discussões propostas pelos teóricos da área. Assim, a contextualização desse estudo no campo do Design apoia-se nas discussões conduzidas por autores como Margolin, Heskett, Hollis, Forty ou Papanek em torno das peculiaridades do Design e do modo como seu desenvolvimento se relaciona com a dinâmica das transformações na sociedade em seu percurso histórico.

O ponto de partida é a discussão proposta por Margolin ao abordar o momento de mudanças na sociedade e em seus sistemas de comunicação identificado com o fim do século XX. Ele propõe uma reflexão em torno do que descreve como a "Idade da Comunicação" (Margolin, 1994). Segundo o autor, em razão do advento e desenvolvimento de novas tecnologias, a sociedade estaria vivendo em um período de grande transformação, caracterizada pela "intensidade da comunicação entre as pessoas do mundo". Esta seria impulsionada pela oferta de aparatos que facilitam a comunicação entre pessoas de diversas realidades e culturas, com distintas motivações comunicacionais, que estariam expandindo os limites do mundo como era conhecido até então. Margolin escreve em

1994, portanto, inscrito nos limites do período histórico que serviu de cenário para o desenvolvimento do design de notícias e em meio à paixão que a nova realidade comunicacional inspirava nos debates. Além dessa coincidência histórica, existem pontos de ordem conceitual que expressam concordância entre o que propõe Margolin e o que discutimos a respeito do Design no Jornalismo. Relacionamos a seguir as demais reflexões que contribuíram para a discussão proposta neste livro.

1 – O design responde pela mediação ao organizar informações ou relatos de modo a serem facilmente processados pelas pessoas.

Ao identificar nesse contexto de comunicação intensa e em crescente expansão um desafio para o designer, que seria o de "[...] ajudar a nos orientarmos mais facilmente no mundo", uma vez que "[...] no campo recentemente expandido da comunicação global, precisamos de ajuda para encontrar nosso caminho" (Margolin, 1994, p. 13), o autor se aproxima da tarefa de *mapear o mundo* associada ao papel dos jornais na sociedade. Com a expansão das comunicações sociais, o homem comum ficou exposto a um grande volume de informações de naturezas distintas, algumas indispensáveis, outras supérfluas. Ao selecioná-las, para depois analisá-las e oferecê-las contextualizadas aos leitores, os jornais cumpririam o papel de filtro, retendo o que não interessa – o que é discutível – e apresentando de forma organizada, mapeada, aquilo que é relevante – "*all the news that fit to print*"[1]. O designer é decisivo nesse processo, ao organizar as informações e apresentá-las da forma mais adequada para esse homem comum, ou, nas palavras de Margolin, "[...] torna-se um facilitador da ação social, ajudando a dar forma ao processo de comunicação, assim como aos seus produtos" (Margolin, 1994, p. 13).

Nos jornais, tal papel pode ser identificado sobretudo na produção e na publicação de infográficos a partir dos anos 1980, que se deu de modo a tornar-se uma das características desse meio a partir de então. Tal facilitação por parte dos designers de notícias teve como resultado a inclusão das pessoas em determinados campos de discussão e mesmo na sociedade, ao oferecer-lhes a informação necessária a essa participação. Na medida em que se ampliou a cobertura dos temas mais variados, que passaram a ocupar os espaços de

---

1 "Todas as notícias que merecem ser impressas", epígrafe publicada no cabeçalho do *New York Times* para identificar o tipo de jornalismo relevante que pratica, qualificando-o perante o público.

discussão motivados pelo consumo de novas tecnologias e serviços, o jornal deslocou seu moto próprio para o que Rosental Calmon chama "prestação de serviços". O esclarecimento de novos protocolos, a explicação do funcionamento de equipamentos, de conceitos, enfim, de tudo aquilo que foi acrescentado ao repertório das pessoas comuns pelas práticas advindas das novas tecnologias cotidianas e também com os novos aparatos de comunicação, torna-se uma função do jornal.

2 – O design tornou-se uma forma de discurso.

Margolin qualifica o design no interior desse contexto comunicacional, de modo a aproximá-lo definitivamente da discussão conduzida no presente trabalho a respeito do design de notícias e de seu momento histórico. Segundo ele, "design gráfico não é tão somente a visualização do discurso. Ele é uma forma de discurso em si mesmo" (Margolin, 1994, p. 13). Nesse sentido, o autor toca na questão central deste livro: discutir a existência de um design de notícias, diferenciando-o das manifestações anteriores do design no âmbito do jornalismo impresso. Estas permaneceriam restritas à etapa final do processo de produção e seriam tomadas (pelos próprios designers e pelos demais envolvidos no processo) por "formas visuais", e não discursos, nos termos de Margolin (Margolin, 1994, p. 13). Na medida em que se desenvolve uma cultura organizacional jornalística que inclui o Design em suas etapas de planejamento, ele se desvincula da mera apresentação visual e passa a ser tomado como discurso. É o que indicou a pesquisa a respeito do planejamento das edições com o obituário do papa João Paulo II publicadas em 2005 – algumas delas (as capas, as páginas centrais ou os infográficos de uma página), expressões diretas desse design como discurso.

A reflexão acerca do que vem a ser discurso é demasiado ampla e complexa e pode ser contemplada por diversos campos do saber. No contexto deste livro, uma simplificação se faz necessária. O presente estudo tomou por base a vertente francesa da análise do discurso, que entende os discursos como "[...] práticas sociais determinadas pelo contexto sócio-histórico" (Pinto, 2002, p. 20). A ideia de contexto inclui "[...] todo o processo de interação comunicacional: produção, circulação e consumo de sentidos" (Pinto, 2002, p. 12).

Discurso seria a sobreposição dos dois fatores que concorrem para a produção de tais práticas sociais ou, nas palavras de Charaudeau,

> [...] Resulta das circunstâncias em que se fala ou escreve (a identidade daquele que fala e daquele a quem este se dirige, a relação de intencionalidade que os liga e as condições físicas da troca) com a maneira pela qual se fala. É, pois, a imbricação das condições extradiscursivas e das realizações intradiscursivas que produz sentido (Charaudeau, 2007, p. 40).

Considerando *texto* como o produto cultural, "[...] como formas empíricas do uso da linguagem verbal, oral ou escrita e/ou de outros sistemas semióticos no interior de práticas sociais contextualizadas histórica e socialmente" (Pinto, 2002, p. 11), *discurso* tem a ver com as condições de produção desse texto, ou seja, a inclusão de um texto em seu contexto (Charaudeau; Maingueneau, 2006, p. 169). Discurso também pode ser entendido como o uso da língua em um contexto particular. *Língua* seria o sistema partilhado por membros de uma comunidade linguística, enquanto o *discurso* seria o uso restrito desse sistema (*Idem*). Assim, o que faz um texto ser discurso "[...] são as marcas que o ligam à situação em que foi produzido" – seu contexto – "[...] que se encontram na materialidade mesma de sua superfície" (Pinto, 2002, p. 19). Esta pode se constituir também a partir do trabalho do designer, ele mesmo sendo uma dessas marcas.

3 – O design a partir dos anos 1990 supõe um novo perfil para o designer.

O presente trabalho se alinha ainda às propostas de Margolin, quando este sugere um novo perfil para o designer. Quando, em seu artigo, ele defende que se inclua na formação do designer o treinamento em atos de discurso (Margolin, 1994), o autor se justifica pelo cenário desenhado no horizonte dessa Idade da Comunicação, que antevê:

> Se a comunicação é a essência do design gráfico, então os designers devem encontrar seu caminho para o interior do processo de comunicação e não apenas produzir os artefatos que resultam

dele. [...] Os designers precisam estar dentro desse processo mais do que em suas margens (Margolin, 1994, p. 13-14).

É possível identificar nessa sentença uma relação estreita com o que o presente estudo discute quanto à posição do design no processo de produção jornalístico. Até os anos 1980, os designers estavam nas margens desse processo, concentrados em suas etapas de finalização. O deslocamento em direção ao interior do processo de comunicação se deu à medida que foram participando de modo mais incisivo das etapas iniciais de planejamento.

Contudo, para que se desloque das margens desse processo em direção a seu interior, o designer precisa ampliar seu repertório no que diz respeito a tudo o que envolve a edição jornalística e mesmo a essa cultura profissional, para assim se estabelecer pela autoridade com que desenvolve seus discursos (Moraes, 1998). A participação de designers no processo editorial jornalístico, tido como uma novidade promissora no contexto de mudanças dos anos 1980, se consolidou a ponto de haver uma demanda por esses profissionais nas empresas jornalísticas na primeira década do século XXI.

Nos jornais, o design não tem o propósito de tornar as páginas mais atraentes plasticamente, ao acentuar determinado aspecto relevante para o estilo em voga, mas sim o de mediar a informação jornalística – planejando coberturas e edições, organizando as informações, desenvolvendo formas alternativas de narrar os fatos, explicando-os de forma clara, enfim, mapeando o mundo para as pessoas comuns. É esse o propósito que Margolin aponta ao caracterizar o papel do designer no interior do que chama de Idade da Comunicação.

Margolin escreve no contexto dos anos 1990, diante da inquietação provocada pelo que as novas tecnologias de comunicação e informação permitiam vislumbrar no horizonte da comunicação humana. De que modo tais tecnologias afetariam o Design? Os designers estariam preparados para o novo cenário que tais tecnologias trariam? Qual seria seu papel? Tal inquietação não foi diferente daquela que enfrentaram profissionais de outros campos, como os jornalistas, e provocava uma mistura de insegurança profissional em relação à permanência no negócio e esperança quanto às novas possibilidades que tais tecnologias poderiam oferecer.

No campo do Design, essa discussão ultrapassou os limites da academia e dos círculos profissionais, misturando as duas esferas, como pode ser observado nas edições das revistas *Emigre* e *How*, ambas especializadas em Design e cultura visual, que dedicaram edições específicas em 1996 para o debate em torno do impacto das novas tecnologias na área. "Graphic Design and the next big thing" foi o título do número 39 da *Emigre*[2], que tratou da discussão acerca do papel do designer no cenário que surgiria a partir da implantação de tais tecnologias e do advento da nova mídia, *the next big thing*. Nesse cenário, Lorraine Wild sugeriu uma revisão da formação do designer que ratifica a discussão de Margolin, ao propor uma maior generalização que permitisse combater aquilo que ela considera uma fraqueza inerente ao design gráfico diante da abrangência das operações da nova mídia: "Sua insistência em isolar a tradução visual como o produto final do designer e em concentrar-se nesse produto como se fosse a medida mais exata da *expertise* do designer" (Wild, 1996, p. 30-31). Para tanto, propõe o aprendizado de uma série de técnicas que contemplem áreas como redação e expressão verbal, edição cinematográfica, som, *games*, retórica visual, enfim, conhecimentos que permitiriam ao designer transitar por discursos de modalidades diferentes, indo em direção à ideia de convergência de mídias associada às novas tecnologias.

Com capa assinada por David Carson, a edição de fevereiro de 1996 da revista *How*[3] também tratou das perspectivas para a atividade diante das referidas mudanças. Nela, Swanson aponta a demanda por pessoas que façam as coisas fazerem sentido, demanda esta inerente ao novo cenário:

> Alguns desses generalistas deverão trabalhar coordenando grandes projetos desenvolvidos pela mídia. [...] Eles precisarão de uma formação mais abrangente do que aquela normalmente associada a designers gráficos. Precisarão entender a cultura e a mídia, assim como engenharia, marketing e redação (Swanson, 1996, p. 81, c. 1).

Tais pessoas são os designers, no mesmo sentido em que Margolin os qualifica, e a tarefa de *fazer as coisas fazerem sentido* não é outra senão aquela que é vital às empresas jornalísticas em um ambiente comunicacional tão concorrido.

2 *Emigre*, Sacramento, n. 39, 1996.
3 *How*, F&W Publications: Cincinnati, 1996.

4 – As mudanças no Design refletem a dinâmica das complexas transformações estruturais na sociedade

Outra base conceitual do presente estudo apoia-se no que Heskett propõe acerca do modo como se desenvolveu historicamente o Design, descrito por ele como "[...] um processo de sobreposição, no qual novos elementos são acrescentados ao que já existe" não somente como acumulação, mas como uma interação dinâmica, "[...] na qual cada novo estágio de inovação altera o papel, o significado e a função do que se conserva" (Heskett, 2008, p. 14). Portanto, o design atual da página de notícias expressaria essa interação dinâmica, uma vez que, ao que seria a visualização do discurso (Margolin, 1994), sobrepôs-se o próprio design como discurso, a partir dos anos 1990. Para o presente estudo, a primeira camada histórica corresponderia às manifestações do design anteriores às reformas dos jornais consumadas nos anos 1990, enquanto a camada mais recente estaria ligada ao contexto desenvolvido a partir de então, alimentado pelas novas tecnologias de comunicação.

A forma da página de notícias pode ser identificada como uma atualização do Design em relação a tais transformações em andamento na sociedade. Descrito por Margolin (1994) como a Idade da Comunicação, o período também foi contemplado por outros autores. Por exemplo, Castells o identificou com o advento da *sociedade em rede*, caracterizada pelo desenvolvimento de tecnologias para agir sobre a informação, cuja penetrabilidade dos efeitos atingiria toda a atividade humana segundo a lógica das redes, em crescente complexidade e abrangência através de estruturas flexíveis e que caminham para um sistema altamente integrado (1999, p. 78-79). O valor estratégico conferido à informação no mesmo período deu origem ao que Kumar (1997) identificou como *sociedade pós-industrial*, qual seja aquela cuja economia se baseia na informação; na qual conhecimento e informação são os agentes transformadores da sociedade (Kumar, 1997). Já para Anderson (1999), Lyotard (2006) e, sobretudo, Jameson (2006), esse período histórico manifesta aquilo que chamam *pós-modernidade*. Conceito que, apesar de controverso, culturalmente se caracterizaria pelo predomínio da imagem sobre a palavra (Anderson, 1999, p. 88) em uma relação na qual se tornou mercadoria inserida na lógica de produção comercial (Jameson, 2006).

Embora ainda impreciso quanto à nomenclatura, o que reflete o papel das práticas discursivas na difusão das significações necessárias para a aceitação de um novo fenômeno (Sodré, 2003), a existência desse momento de transformação é indiscutível. Nesse sentido, a própria denominação design de notícias já expressaria a situação descrita por Sodré, posto que corresponderia ao novo fenômeno observado no terreno do design editorial jornalístico. O presente trabalho seria então um esforço não só de precisar a referida nomenclatura como também de compreender e discutir tal fenômeno inserindo-o no campo do Design.

5 – Um registro gráfico cumpre determinadas funções que o caracterizam como design.

Para inserir o fenômeno analisado no campo do Design, este estudo procura apontar na forma da página de notícias evidências que confirmem tal relação. Para tanto, procurou identificar nos jornais as funções do Design descritas por Hollis. O autor define o Design como "[...] o negócio de fazer ou eleger marcas gráficas e organizá-las numa superfície para expor uma ideia" (Hollis, 1994, p. 7). Para Hollis, o papel mais elementar do Design seria o de *identificar*, ou seja, mostrar o que uma coisa é ou de onde ela vem. Outra função seria *informar* ou *instruir*, enquanto seu terceiro papel seria *apresentar* ou *promover* alguma coisa de modo a prender a atenção das pessoas ou tornar sua mensagem memorável (Hollis, 1994, p. 10).

Quanto ao design de notícias, a função de *identificar* estaria manifesta no sistema de identidade visual, que expressa o projeto editorial do veículo de modo a possibilitar que o público se identifique com ele; o papel de *informar* se manifesta na hierarquização editorial das informações, na organização dos assuntos pelas páginas da edição, ou ainda na combinação de diversos elementos – verbais e não verbais – de modo a constituir um só texto multimodal. A função de *promover* pode ser identificada no projeto gráfico do veículo, que atua destacando sua identidade, especialmente no ambiente em que é comercializado. A página de notícias promove, em última análise, a edição.

6 – O esforço de planejamento é inerente ao Design e o identifica na produção.

Através da compilação de reflexões conduzidas por diversos autores a respeito da conceituação do Design, foi formada outra base conceitual que, desta feita, tem a ver com o trabalho de planejamento. Um dos traços mais elementares do Design é o esforço de planejamento inerente à atividade, implícito já no próprio sentido da palavra. O Design

> [...] possui os sentidos de designar, indicar, representar, marcar, ordenar, dispor, regular; pode significar invento, planejamento, projeto, configuração, se diferenciando da palavra *drawing* (*desenho*). [...] É essencialmente uma práxis que, acompanhada de teorias, [...] tem como tarefa dar forma a artefatos, considerando um projeto previamente elaborado com uma finalidade objetiva específica (Montenedro *apud* Coelho, 2008, p. 187-188).

Resumidamente, é "o planejamento para a produção industrial" (Lima, 1996, p. 25) e estaria de tal forma ligada ao produto que nele se revelaria, como afirma Forty (2007, p. 12). Para ele, a palavra encerra dois significados, posto que "[...] se refere à aparência das coisas", mas também "[...] à preparação de instruções para a produção de bens manufaturados" – sentidos estes unidos de modo inseparável, uma vez que "[...] a aparência das coisas é, no sentido mais amplo, uma consequência de suas condições de produção". Assim, no que se refere ao design no âmbito dos jornais, também fazem parte de suas condições de produção as decisões acerca do que se considera notícia ou do valor que estas teriam para a comunidade na qual circulam. A aparência da página de notícias estaria igualmente relacionada a tais decisões. É possível então observar nos jornais o que Heskett propôs sobre o que daria origem ao objeto de Design: "Decisões e escolhas feitas por pessoas" (Heskett, 2008, p. 13).

7 – Ao atender às necessidades dos homens, o designer responde pela atualização de determinados produtos.

Tal afirmação, de certa maneira, representa um retorno ao que propõem Margolin (1994) e Heskett (2008) a respeito do papel do designer em relação a seu contexto histórico e ao modo como o Design se desenvolve historicamente. Esse desenvolvimento se dá a partir da identificação de algumas necessidades cuja satisfação move o trabalho do designer. Segundo Papanek,

> Estas necessidades fundamentais pelas quais o homem se bate – a necessidade de uma ordem compreensível, de beleza, de adequabilidade, de simplicidade, de antecipação intelectual, de inovação lúdica – coexistem no design. Um designer, no sentido mais lato do termo, é um ser humano que percorre com êxito a estreita ponte que liga aquilo que nos foi deixado pelo passado às possibilidades futuras (Papanek, 1993, p. 215).

Estaria aí a costura que une os fragmentos das discussões propostas pelos autores e que sustentam teoricamente o que este livro propõe. Na página de notícias, o designer se concentra em certas necessidades que são inerentes ao produto – ordem, clareza, inovação etc. – cuja satisfação resulta em sua forma. Tais necessidades variaram ao longo dos anos, de acordo, sobretudo, com o desenvolvimento das tecnologias de produção e, mais recentemente, de consumo. Porém, foram as transformações pelas quais a sociedade passou a partir do último quarto do século XX que exigiram do designer dedicado à página de notícias uma nova postura, uma vez que as necessidades se tornaram outras, ditadas pelo devir das novas tecnologias de comunicação. Nesse sentido, mais do que se concentrar na visualização do discurso, nos termos de Margolin (1994), esse designer passou a se voltar para a produção do discurso e também para a antecipação das formas e os protocolos que os novos contextos comunicacionais impuseram a esse discurso.

Portanto, tal postura do designer corresponde não a um fenômeno inerente à dinâmica interna do Jornalismo, mas a uma consequência da dinâmica da própria sociedade, cujo desenvolvimento tecnológico gerou as pré-condições para o estabelecimento do que Margolin (1994) denomina Idade da Comunicação. Por fim, ao discutir as respostas dos designers a tal contexto de mudanças, este estudo inscreve-se no campo do Design, propondo a discussão em torno do que seria um design de notícias como subárea desse campo.

O design de notícias

4

Como expresso anteriormente, este livro se baseia em uma pesquisa acadêmica desenvolvida entre 2005 e 2010, que teve como objetivo conceituar e caracterizar o design de notícias. Para fazê-lo, buscou-se apontar evidências que confirmassem a existência de um design de notícias e indicassem sua relação com o campo do Design, ao enumerar as diferenças entre o design presente nas páginas dos jornais em dois momentos históricos distintos: um, anterior aos fatos que o estudo estabeleceu como marcos históricos do advento do design de notícias (a fundação da SND, em 1978/1979, e o lançamento do jornal *USA Today*, em 1982); e outro, posterior a eles. Partiu-se do pressuposto de que, pela identificação de tais diferenças, seria possível apontar os traços que distinguem o design de notícias de seu predecessor. Tal caracterização forneceria subsídios para explicar a ocorrência do fenômeno – ajudando a conceituá-lo – assim como para contextualizá-lo no campo do Design, como proposto. Posteriormente, para atender às características e propostas da série Pensando o Design, a discussão foi estendida aos meios digitais, no que se refere aos pressupostos teóricos do design de notícias.

Para adequar o texto à coleção e tornar a leitura mais proveitosa, sobretudo para aqueles que se interessam pelo assunto mas ainda não estão familiarizados com os ritos, a linguagem e os procedimentos acadêmicos, foi feita uma simplificação da descrição da pesquisa e de suas etapas. Essa breve descrição é importante para o entendimento do conjunto do trabalho.

4.1 A pesquisa

Como em todo trabalho científico, o estudo partiu de duas questões ligadas diretamente a seus objetivos, adotando como estratégia metodológica para discuti-las a abordagem exploratória e como método de pesquisa o estudo de casos múltiplos (Yin, 2005). Foram elas:

a) De que modo o design de notícias difere do design de jornais.
b) Como o design de notícias constrói enunciados jornalísticos.

Para desenvolver o trabalho, foram definidas, então, unidades de análise e relacionadas algumas proposições tendo em vista que "[...] cada proposição direciona a atenção a alguma coisa que deveria ser examinada dentro do escopo do estudo" (Yin, 2005, p. 42), refletindo assim questões teóricas e apontando para onde procurar evidências relevantes. Assim, a pesquisa procurou evidências que confirmassem as seguintes proposições:

a) O design de notícias supõe um contexto de produção específico que o considere desde as primeiras etapas, portanto, distinto daquele relativo ao design que o antecedeu nas páginas de notícias.
b) O design presente nas páginas de notícias até a década de 1990 expressava o predomínio da linguagem verbal na concepção do produto, enquanto o design de notícias expressa outra relação entre linguagem verbal e não verbal, baseando-se em discursos multimodais[1].
c) Embora se valha praticamente dos mesmos elementos básicos[2] de comunicação visual, o design de notícias os utiliza a partir de uma sintaxe visual – linhas gerais que orientam a construção de composições se utilizam desses elementos básicos para criar mensagens visuais eficazes (Dondis, 1990, p. 24) – diferente daquela presente no design identificado nas páginas de notícias até os anos 1990.

A partir dessas proposições, foram estabelecidos critérios para a seleção dos jornais a serem pesquisados, com o objetivo de compor o *corpus* do trabalho. Assim, para ser incluída na pesquisa, a publicação deveria atender aos seguintes pré-requisitos:

• Ter sido publicada em contextos históricos diferentes, relacionados aos períodos identificados no presente trabalho com o desenvolvimento do design de notícias.

---

1 Como são chamados os textos cujo sentido é expresso por meio de mais de um código semiótico. Essa noção se aplica perfeitamente às páginas de jornal. Ver Kress e Van Leeuwen (1996).

2 Segundo Dondis (1990), tais elementos são o ponto, a linha, a forma (contorno), a direção, o tom, a cor, a textura, a escala, a dimensão e o movimento. Desses, o menos usual nos jornais diários até os anos 1990 era a cor.

- Ter passado por processos de redesign compatíveis com aqueles descritos como característicos da implantação do design de notícias.
- Ter sido contemplada pelo menos uma vez pelo concurso criativo da SND, o que atestaria, por um lado, o consentimento do grupo que edita a publicação em fazer parte do movimento que discute as tendências no design editorial jornalístico contemporâneo, contribuindo assim com seu desenvolvimento, e, por outro, a legitimação desse esforço reconhecido pela referida associação.
- Jornais que tenham o mesmo perfil editorial, ou seja, que tenham como alvo um público semelhante, atraiam categorias de anunciantes semelhantes e tenham abrangência de cobertura compatível.
- Jornais que tenham o mesmo formato.
- Jornais que estejam entre os de maior circulação no país, o que atestaria sua penetração na sociedade, assim como o êxito obtido por seus projetos editoriais e gráficos, além de afirmar sua relevância para o meio.
- Jornais afiliados à ANJ, entidade que administra os padrões de qualidade adotados para o meio no Brasil.

A adoção dos critérios descritos acima reduziu gradualmente o universo de jornais – constituído então pelos 4.103 veículos[3] filiados à ANJ – até chegar ao número de apenas três jornais que atendessem integralmente a todos eles: o carioca *O Globo* e os paulistanos *Folha de S.Paulo* e *O Estado de S. Paulo*. Porém, a escolha das edições a serem analisadas se mostrou trabalhosa, por conta da prerrogativa de se avaliar os jornais em diferentes contextos históricos. A estratégia adotada tomou por base a cobertura de fatos que pudessem se repetir em distintos momentos históricos, evitando, contudo, situações de cobertura de efemérides – comemorações de fatos ou datas importantes – ou de eventos previamente programados, como campeonatos esportivos ou eventos políticos, cuja cobertura pode ser não só prevista como previamente programada e produzida, o que significaria uma situação de exceção no âmbito da produção de jornais diários. Além disso, a cobertura de eventos dessa natureza representa uma oportunidade para as empresas que publicam jornais captarem recursos advindos da publicidade, valendo-se com frequência de projetos

3 Números de 2008. Fonte: <http://www.anj.org.br/numero-de-jornais-brasileiros>.

4   A esse respeito, ver na obra de Lessa (1995) a descrição do desenvolvimento dos projetos de Amílcar de Castro para os suplementos do *Jornal do Brasil*.

5   Paulo VI foi o nome escolhido por Giovanni Battista Montini (1897-1978) após ser eleito papa em 21 de junho de 1963. Encerrou o Concílio Vaticano II iniciado por João XXIII e continuou algumas reformas, voltando-se para o ecumenismo, a justiça social e as novas questões sociais que se lançavam na época. Ampliou o número de cardeais não italianos, sobretudo os oriundos de países pobres, foi o primeiro papa a viajar para fora da Europa e reduziu o tom triunfalista da Igreja, dispensando alguns sinais de ostentação. Foi sucedido por Albino Luciani, que, por sua vez, adotou o nome de João Paulo I para homenagear seus dois antecessores – "um santo e um sábio", segundo ele.

6   Primeiro não italiano a ocupar o trono de São Pedro desde 1522, o polonês Karol Wojtyla (1920-2005) foi eleito papa em 16 de outubro de 1978, após o rápido pontificado de seu antecessor, e escolheu o nome de João Paulo II, como forma de homageá-lo. Conteve tensões internas na Igreja ao manter rígida a doutrina. Carismático, foi o papa que melhor usou as mídias, visitando diversos países e estreitando laços com outras religiões. Vindo de um país que vivia sob domínio soviético, foi decisivo no processo que pôs fim à Cortina de Ferro e ao Bloco Comunista na Europa. Teve o terceiro pontificado mais longo da história, marcado por um atentado que quase lhe tirou a vida em 1981.

7   A palavra quer dizer "clausura sob chave". Passou a designar a reunião de cardeais com o objetivo de escolher o papa, quando, em 1216, estes foram trancados em um cômodo a fim de acabar com a demora em resolver a questão. Com o tempo, adotaram a clausura para evitar pressões externas.

gráficos diferenciados, o que poderia comprometer os resultados da pesquisa.

A edição escolhida deveria corresponder a um evento cuja imprevisibilidade pudesse pôr à prova a capacidade do jornal em realizar a cobertura, mantendo-a dentro dos limites do projeto gráfico e editorial do veículo e respeitando seus padrões de qualidade, evidências que apontam para a aplicação dos conceitos e ações relativos ao design de notícias no *modus operandi* da redação. A escolha deveria recair ainda sobre um tema importante para o jornal, sobretudo em relação a seu perfil, o que faria a cobertura ocupar espaço de destaque no que seria sua parte "nobre", identificada no jargão jornalístico como *cabeça* ou *primeiro caderno*. Isso eliminaria coberturas ligadas, por exemplo, à área de cultura[4] – como suplementos literários ou femininos –, tradicionalmente mais flexíveis quanto ao design de suas páginas. Quanto ao design de notícias, esse critério seria útil para identificar a aplicação de seus princípios na composição da forma da cobertura de assuntos tão relevantes ao jornal.

4.2 Sobre o tema da cobertura escolhida

Diante de todos esses pré-requisitos, foram escolhidas as coberturas jornalísticas da morte dos papas Paulo VI[5] (em 6 de agosto de 1978) e João Paulo II[6] (em 2 de abril de 2005) feitas pelos jornais *O Globo*, *Folha de S.Paulo* e *O Estado de S. Paulo*. Para ratificar a escolha, são relacionadas a seguir algumas observações a respeito do tema e sua inserção nos limites propostos para a pesquisa.

Politicamente, o governo da Igreja Católica interessa aos jornais por conta de sua relação histórica com o desenvolvimento político do Ocidente e pela influência que exerce em questões caras à vida em sociedade, como casamento, natalidade, pena de morte, sexualidade etc. Com efeito, quando morre um papa, encerra-se um período cuja repercussão histórica terá desdobramentos para além dos muros do Vaticano e cuja continuidade ou interrupção será definida em um *conclave*[7]. Nesse evento particular da Igreja, residem aspectos ligados a sua política interna e que também despertam interesse no jornalismo. Outro aspecto está ligado às peculiaridades que cercam a sucessão papal. Com a morte do pontífice, encerra-se um pontificado de forma ritual, em uma dramática série de gestos e ações repletos de significados conhecidos apenas pelo alto clero, mas ignorados pelo público que acabará tomando parte deles como audiência. Cabe aos jornais explicá-los de modo a fazer com que seus leitores possam acompanhar o processo.

No caso específico da cobertura da morte e dos ritos funerais de João Paulo II ocorrida em 2005, esta foi a primeira vez que o tradicional e ritualístico processo que envolve os funerais e a sucessão papal foi registrado pela imprensa no período posterior ao movimento de reformulação gráfica e editorial dos jornais dos anos 1980, especialmente no que se refere às suas manifestações impressas. A última vez em que a imprensa registrou o fato ocorreu em 1978, o chamado "ano dos três papas"[8], quando ocorreu a morte de Paulo VI, a eleição de João Paulo I, 33 dias depois, sua morte e, por fim, a eleição de João Paulo II. Naquele ano, os jornais, ainda em preto e branco, não dispunham dos recursos de edição e editoração informatizados. Pela proximidade entre as datas, a pesquisa adotou como limite o fato histórico mais antigo, qual seja a morte de Paulo VI, por não ter ocorrido nenhuma mudança significativa no design dos jornais no período que separa os dois óbitos. Além disso, os 15 anos de papado de Paulo VI haviam tornado o registro jornalístico de sua morte mais significativo, se comparado aos 33 dias de João Paulo I, sobretudo no que concerne aos produtos editoriais (jornais, revistas etc.) postos em circulação.

No que tange à pesquisa, esse lapso de tempo corresponde ao período histórico em que se consolidou o design de notícias, cobrindo o percurso que vai da criação da SND, entre 1978 e 1979, à inserção do design de notícias no sistema de mídia em voga, no começo do século XXI. O que aconteceu de relevante para esse design após 2005 se deu em outras instâncias, sobretudo relativas ao conceito do produto jornal, por causa do advento de tecnologias que introduziram novos aparatos no sistema de mídia – como o Kindle, o iPhone, o iPad e seus similares –, impelindo os designers a buscarem estratégias para inserir os jornais (ou desenvolver versões destes) nesse novo contexto. Tal busca por estratégias ainda está em andamento, posto que as referidas tecnologias e seus aparatos também ainda não se desenvolveram ou se estabeleceram a ponto de provocar uma ruptura total com o suporte impresso (sequer existe a certeza de que isso vai

8 Paulo VI morreu em 6 de agosto de 1978. Seu sucessor, Albino Luciani, foi o primeiro a adotar um nome duplo – João Paulo I – e também o primeiro, em mil anos, a não aceitar ser coroado. Eleito em 26 de agosto de 1978, morreu em 28 de setembro do mesmo ano. Karol Wojtyla foi eleito papa em 16 de outubro de 1978 e adotou o nome de João Paulo II como forma de perpetuar a memória de seu antecessor, cujo pontificado durou apenas 33 dias. O ano de 1978 teve, assim, três papas (McBrien, 2000).

acontecer) ou de impor aos jornais impressos um modelo substancialmente diferente do que estava em voga em meados da primeira década do século XXI.

4.3 O que a pesquisa revelou quanto aos aspectos gráficos

Foram reunidas as edições dos jornais escolhidos nas duas datas mais próximas ao fato histórico, separadas as páginas identificadas com a cobertura do tema e, através da aplicação de *checklists* e padrões de classificação, estas foram detalhadamente analisadas em seus aspectos editoriais, gráficos e industriais. Tal análise nos permite afirmar que os três jornais diários passaram por processos de reformulação editorial e gráfica semelhantes. Foi o desenvolvimento desses processos ao longo do período estabelecido pelo recorte da pesquisa (entre 1978 e 2005) que favoreceu a implantação do design de notícias no contexto de sua produção, fato este manifesto em suas páginas.

Em 1978, os três jornais apresentavam aspectos gráficos muito próximos. Eram impressos em papel imprensa com tinta preta; valiam-se das variações tipográficas para organizar o material jornalístico na página e também para expressar sua hierarquização editorial, recorrendo a formas estabelecidas – como títulos, subtítulos, legendas, epígrafes etc. – e à lógica que regia sua forma gráfica, de acordo com a descrição feita por Northrup (ver capítulo 2). As notícias eram posicionadas no jornal segundo seu valor editorial e deveriam ocupar o lado superior ou o lado esquerdo da página – "mais alto" e "primeiro", respectivamente, de acordo com Northrup – quanto maior fosse sua importância. A área que ocupavam também refletia esse valor editorial – "maior". As páginas publicadas em 1978 expressam essa forma de organizar a notícia e o fazem a partir da palavra, da linguagem verbal: o jornal de 1978 era o veículo da palavra (escrita) por excelência.

Dos três jornais analisados, *O Estado de S. Paulo* e a *Folha de S.Paulo* partilhavam alguns princípios de construção para o *grid* de suas primeiras páginas. Ambos reduziam nessa página específica a quantidade de colunas presente nas páginas internas – *O Estado de S. Paulo*, de oito para seis, e a *Folha de S.Paulo*, de seis para cinco – aumentando o comprimento de linha e, consequentemente, a quantidade de toques[9] para os títulos, o que poderia auxiliar a primeira página a cumprir seu papel de

9 Os títulos eram medidos então pela quantidade de toques (na máquina de escrever) que cabiam em cada linha. Nesse período, os textos eram medidos em laudas que contavam 30 linhas de 72 toques. Essas medidas eram usadas pelo diagramador para calcular o espaço destinado a cada peça (título, subtítulo, legenda, olho etc.) na página.

expor as principais notícias da edição. Além disso, adotavam o alinhamento entre as diversas peças que compõem suas primeiras páginas, deixando o *grid* visível e facilitando o trabalho de paginação ao permitir a reunião de títulos e fotos em grupos temáticos (política, esportes, economia etc.). Em ambos, o logotipo do jornal aparecia centralizado no alto da página. Essa semelhança se explica pelas características dos jornais, que se voltavam para o mesmo perfil de leitor e cobriam áreas de interesse comum.

O Globo seguia uma proposta distinta em 1978. Mantinha na primeira página o número de colunas das páginas internas e usava com frequência medidas falsas[10] deixando desalinhados os elementos que compõem a página. Valia-se de fios de espessuras variadas e de boxes em diversas situações, mas sempre os utilizava para identificar seus textos editoriais nas páginas. O elemento mais característico de sua primeira página nesse período é o logotipo sem posição fixa, funcionando como uma espécie de carimbo que poderia ser aplicado em qualquer parte da metade superior da página. Esse tipo de organização dos elementos é uma herança dos tempos em que o jornal era vespertino, divergindo também quanto aos aspectos gráficos dos concorrentes diretos, especialmente o *Correio da Manhã* e o *Jornal do Brasil*, cuja proposta influenciara seus pares paulistas. Com o processo de concentração de empresas jornalísticas que caracterizou o período entre os anos 1950 e 1970[11], *O Globo* viu alguns desses concorrentes desaparecerem ou se enfraquecerem. Modificou então parte de suas características editoriais para avançar no mercado que se abria, mas isso não se refletiu de forma marcante em seu design, sobretudo em sua primeira página, até os anos 1990.

Internamente, a semelhança entre os jornais de São Paulo e suas diferenças em relação a *O Globo* se mantinham, embora os três representassem o modelo de jornalismo que se manifesta preferencialmente pela linguagem verbal. No conjunto, merece destaque a reprodução da cédula de votação (**figura 4.1**) usada no conclave feita pela *Folha de S.Paulo*, principalmente por causa da forma usada pelo jornal para apresentá-la. Separada dos demais elementos da página por fios horizontais e apresentada por meio de um título, era uma peça gráfica diferente das usuais. Não há remissão no texto, portanto existe o pressuposto de que ela se basta, se explica. Sua publicação é um indício de que já existe na redação a percepção do valor

10 Colunas cuja largura difere da medida-padrão do *grid*.

11 A esse respeito, ver Ribeiro, 2006.

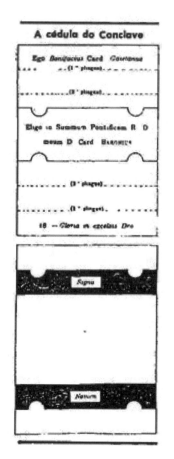 

Figura 4.1 – Informação gráfica.
A *Folha de S.Paulo* publicou a reprodução da cédula de votação usada no conclave pelos cardeais, o que acrescentou informação à descrição (verbal) do processo de sucessão e antecipou de certa maneira os infográficos.

jornalístico de outra categoria de imagem que não somente as fotografias, charges e caricaturas; enquanto a forma adotada para fazê-lo aponta para a intenção de se identificar essa nova categoria perante os leitores.

Nos jornais publicados em 2005, a iconografia jornalística desempenha funções que ultrapassam a mera ilustração das mensagens expressas nos textos verbais. Tal desempenho se manifesta na ocorrência dos seguintes fatores:

- A variedade de fotos publicadas, as dimensões dessas fotos e seu posicionamento nas páginas ocupando pontos nobres para a lógica de diagramação ou, ainda, assumindo o lugar antes reservado à linguagem verbal na apresentação de um relato, como mostram as páginas centrais do caderno de *O Globo*.
- A quantidade de infográficos publicados e, principalmente, o contexto em que são empregados no conjunto da publicação, o que aponta para a consciência de sua função explanatória. Um mapeamento de sua utilização nos cadernos nos permite perceber semelhanças quanto aos critérios para sua aplicação nos três jornais.

Temas	O Globo	Folha de S.Paulo	O Estado de S. Paulo
Viagens do papa	Sim	Sim**	Sim
Saúde do papa	Sim*	Não	Sim
Ritos funerais	Não	Sim	Sim
Sucessão	Sim	Não	Sim
Religiões no mundo	Sim	Sim	Não
Biografia	Não	Não	Sim

Tabela 4.1 – Situações em que os infográficos foram utilizados na edição de 3 de abril de 2005

*Aparece inserido no infográfico publicado na página 20.

**O tema das viagens do papa foi abordado pelos três, embora na *Folha de S.Paulo* apareça relacionado à cronologia do papado, sob a forma de linha do tempo.

- A existência de páginas planejadas de modo a se constituírem em um texto único – englobando linguagem verbal e não verbal –, multimodal, como mostram as capas e as páginas centrais dos três cadernos, além de algumas de suas páginas internas, como a página 21 do *Estado de S. Paulo* (**figura 4.2**) ou a página 10 da *Folha de S.Paulo* (**figura 4.3**). Em *O Globo*, há um esforço para que a distribuição dos elementos equilibre zonas de tensão com áreas em branco, conferindo à sequência de páginas dinâmica diferente da apresentada pela concorrência.

Figura 4.2 – A página como um discurso único.
A bem-sucedida combinação entre título e foto principal nas páginas antecipa-lhes o conteúdo, estabelecendo um primeiro nível de leitura. O grande volume de texto aparece interrompido por intertítulos ou olhos, que funcionam como pontos de entrada secundários no texto.

Nos três veículos, a quantidade de páginas dedicadas ao tema variou em 2005, porém foi superior àquela usada pelos mesmos três diários em 1978. Tal fato derruba um mito propagado com o aumento da utilização da iconografia nos jornais: o da substituição da palavra pela imagem. Mesmo com a valorização da iconografia, o espaço conferido à linguagem verbal é consideravelmente superior àquele empregado em 1978. Nesse sentido, outro dado importante apontado pela pesquisa foi a produção de cadernos especiais. Ao retirar a cobertura da sequência ordinária de assuntos, os jornais destacam sua importância editorial em relação ao conjunto da edição. Além disso, existe nos três veículos o cuidado em desenvolver um projeto gráfico diferenciado para os cadernos, sem prejuízo, entretanto, para a identidade visual do jornal

O design de notícias

Figura 4.3 – Discurso planejado.
Os elementos foram organizados na página de modo a comporem uma peça única. O papa recém-eleito que saúda os fiéis remete ao ator que agradece aos aplausos do público. A foto do jovem Karol Wojtyla centralizada na base desempenha, no conjunto do *layout*, a função de completar a figura do papa.

como um todo. Podemos afirmar que tal ação editorial demanda cuidados equivalentes do ponto de vista do design em relação à direção da produção do relato jornalístico.

Outro aspecto importante destacado pela existência dos cadernos especiais tem a ver com o modelo comercial do jornal. Nos anos 1970, a inserção de grande quantidade de páginas no espaço dedicado à editoria, que responde pela cobertura do fato no conjunto das demais editorias do jornal, significava que o veículo cobrira em profundidade e com destaque aquele determinado assunto – no caso, a morte do papa – sem alterar muito seus limites físicos expressos pela quantidade ordinária de cadernos. Quando o fato se repete em 2005, a decisão de produzir cadernos especiais está ligada ao propósito de concentrar a maior quantidade de informações e abordagens em relação a esse fato, ampliando o espaço físico do jornal a ponto de incluir mais um caderno para oferecer tal cobertura aos leitores. Estes receberão um produto editorial a mais pelo preço usual da edição. Está presente aí outra ideia de produto jornalístico, identificada com o que Sodré descreve como *imprensa comercial*: "Organizada em bases industriais, logo voltada para um público massivo, suscetível de sustentar grandes tiragens e assegurar lucro" (Sodré, 2009, p. 25). Tal relação comercial com a notícia é típica da fase histórica que sucedeu o jornalismo de opinião (*publicismo*) e se acentuou a partir dos anos 1970. Isso aparece contextualizado pelo *Manual da Redação da Folha de S.Paulo*, quando este afirma em relação ao modelo adotado pela empresa: "A *Folha* [*sic*] considera notícias e ideias como mercadorias a serem tratadas com rigor técnico"(Folha de S. Paulo, 1992, p. 13).

Ao contrário de outras publicações especiais, os cadernos com a cobertura do obituário do papa não tiveram anúncios comercializados com o objetivo de financiar sua produção. Isso se deu não apenas porque o tema não favorece a comercialização de anúncios, mas também por sua imprevisibilidade: não há como prever o momento da ocorrência de um fato histórico dessa natureza, por mais eminente que seja. Os anúncios publicados foram previamente acordados, sem nenhuma ligação com o tema da cobertura. No caso de *O Globo*, havia uma jaqueta sobrecapa, ocupando metade da largura da primeira página, que já havia sido negociada. Quanto à *Folha de S.Paulo*, os anúncios publicados na edição especial também haviam sido previamente negociados para figurar na edição de domingo. Com o caderno extraordinário, a distribuição das páginas para essa edição foi alterada, a fim de que o caderno especial de 16 páginas pudesse ser produzido. Quando isso acontece, matérias são reduzidas ou – de acordo com a urgência – suprimidas da edição; modifica-se a ordem dos temas e, com as páginas liberadas do material jornalístico, produz-se um novo caderno. Os anúncios[12] que permanecem são aqueles que não puderam ser removidos.

12 Anúncios podem ser removidos em algumas circunstâncias contratuais ou então deslocados para outra seção da publicação com o mesmo objetivo de "limpar" uma sequência de páginas para a produção de cadernos.

4.4 Como o design de notícias difere do design de jornais

A pesquisa apontou a existência de uma diferença conceitual entre "design de jornais" (*newspapers design*) e "design de notícias" (*news design*). O primeiro termo refere-se ao design aplicado a um determinado objeto, o que lhe impõe limites baseados nas características desse objeto, como a tecnologia de impressão. O segundo relaciona o design ao que seria a "matéria-prima" do jornalismo, o que impõe limitações de ordem distinta: enquanto o primeiro termo está subordinado às contingências de um determinado objeto cultural, o segundo está apto a determiná-las em qualquer objeto relacionado à atividade jornalística. O primeiro termo aparece historicamente datado e vinculado ao objeto jornal impresso. O segundo, embora tenha surgido em um determinado contexto histórico, o ultrapassa e não está vinculado a nenhum meio ou objeto específico, mas à atividade de reportar os fatos – devidamente analisados e contextualizados – para um determinado público.

É possível afirmar que o primeiro termo relaciona-se com a antiga restrição do trabalho do designer à mera tradução da notícia em uma forma visual; enquanto o segundo está ligado à atuação do designer como produtor de discursos, fruto de sua inserção no contexto identificado por Margolin como Idade da Comunicação. Essa diferença está relacionada à dinâmica das novas tecnologias de comunicação e informação, cujo desenvolvimento construiu um cenário no qual o Design teve suas possibilidades ampliadas por essas tecnologias, de tal modo que se modificou. Como afirmou Lima, no contexto dos anos 1990,

> O design gráfico está em processo de transformação, recebendo a carga de conhecimentos gerados na área de pesquisa e adaptando-se às demandas tecnológicas que as mídias eletrônicas trouxeram. [...] A tendência é compreender o design em si como um processo de projetação, multidisciplinar, que trabalha com sistemas (Lima, 1996, p. 25).

O design de notícias seria um processo dessa natureza, no qual o foco se centra no projeto de atos comunicacionais jornalísticos, cuja produção envolve saberes distintos. Demanda, portanto, uma formação mais abrangente para o designer responsável em desenvolver tais projetos. Tal formação visa a atender tanto às demandas advindas no interior do sistema produtivo como àquelas inerentes à produção do discurso propriamente dito.

Em relação a sua inserção no sistema produtivo, a pesquisa confirmou a prerrogativa de que o design de notícias supõe um contexto de produção específico, organizado de modo a incluí-lo desde as primeiras etapas do ciclo de produção, favorecendo sua inserção no esforço de planejamento da referida produção. Os resultados dessa inserção se manifestam na organização das etapas e também no discurso em si. Em 1978, a produção ainda se organizava de acordo com a disposição de poderes expressa por Cantero (1959, p. 37) e, sobretudo, Ribeiro (2007, p. 192). Posicionado no ciclo como a etapa de transposição do relato verbal jornalístico para a forma gráfica pertinente ao meio, o design de jornais expressava o predomínio da linguagem verbal.

A partir das reformas ocorridas na década de 1990, esse fluxo se alterou, assumindo a forma descrita pelo manual de redação da *Folha de S.Paulo* (Folha de S. Paulo, 1992). Nesse contexto, o design passou a responder também pelo planejamento da edição, embora não de modo exclusivo. A pesquisa identificou isso nos cadernos especiais desenvolvidos para a cobertura do obituário do papa em 2005. No caso estudado, existiu uma etapa de planejamento prévio que contemplou duas possibilidades: a edição para o caso do pontífice em agonia por conta do grave estado de saúde resistir e a edição para o caso de morte do pontífice.

Na primeira alternativa, a organização dos assuntos pelas páginas visava a atender à demanda por informações que dessem conta do estado de saúde do papa e do que transcorria no Vaticano naquele contexto, ou seja, contemplava o gênero informativo (**figuras 4.4 e 4.5**). Na segunda, o factual do óbito, os bastidores do acontecimento e as demais informações relativas ao fato histórico seriam acrescidos de material interpretativo, com objetivo de contextualizar o ocorrido para os leitores. Nesse caso, o planejamento prévio viabilizou a edição de cadernos especiais completos, cuja qualidade, quantidade de páginas, amplitude e organização das informações não seriam possíveis sem tal planejamento.

Em ambos os casos, a qualidade do produto editorial não seria afetada, tampouco suas condições de produção, em razão da aplicação de modelos previamente desenhados para a produção diária, outra atribuição dos designers. Um dado importante e que comprova a relevância do trabalho de planejamento é o horário em que o fato histórico se deu: 21h37 do sábado

O design de notícias

Figuras 4.4 e 4.5 – Um design para cada situação.
As páginas 22 e 24 de *O Estado de S. Paulo* foram projetadas para serem publicadas no domingo, 3 de abril, no caso de a agonia do papa se prolongar. O foco concentrou-se no gênero informativo. A alternativa era o caderno especial de 24 páginas com o obituário completo e contextualizado, que acabou sendo publicado.

em Roma, 16h37 do sábado no Brasil. Como era fim de semana, as redações dos três jornais analisados trabalhavam em regime de plantão, com cerca de um terço dos profissionais em serviço, segundo a prática corrente. Estes tiveram aproximadamente oito horas para a produção da edição mais atualizada, considerada a mais completa e destinada ao público (assinantes e leitores) situado geograficamente mais próximo do centro de produção. Nesse espaço de tempo, também foi produzida uma primeira edição, fechada por volta das 21h, para atingir áreas mais remotas. Sem tal planejamento, seria inviável a produção de edições distintas de cadernos tão complexos em espaço de tempo tão curto.

Figuras 4.6

Figuras 4.7

Figuras 4.8

Figuras 4.9

Figuras 4.6 a 4.9 – Modulação facilita a edição.
O design das páginas permitiu que fossem feitas atualizações nas informações e mudanças de elementos para melhorar a cobertura. A matéria que ocupava a página 4 na primeira edição foi deslocada para a base da página 3 na segunda, ocupando o espaço da foto. Na página 4, o design da página não foi alterado com a inclusão da repercussão da morte do pontífice junto ao governo brasileiro. Do lado esquerdo, o quadro que identifica o material opinativo do jornal foi mantido. Mesmo valendo-se de um design específico para o caderno, a identidade visual do jornal permaneceu inalterada.

A lógica de construção das páginas, determinada pelo projeto gráfico do veículo, viabilizou as atualizações e as mudanças na distribuição dos assuntos. Baseada na economia de tempo e na racionalidade da produção, tal lógica permite alterações em blocos específicos, deixando inalterada a estrutura da página como um todo. Sua utilização expressa, portanto, a aplicação de técnicas de gerenciamento de projeto na atividade jornalística, traço presente nas três empresas cujos produtos foram analisados na pesquisa. Tal procedimento está contextualizado no período a partir dos anos 1980, como o relato histórico deste estudo discutiu, e se consolidou a partir das reformas dos anos 1990, quando as técnicas de gestão se disseminaram pelas redações, trazendo consigo novos paradigmas para o design envolvido na produção jornalística.

A disposição dos assuntos pelas páginas dos cadernos sugere planejamento também. Um número proporcionalmente reduzido de páginas (**tabela 4.2**) foi destinado às informações mais atualizadas – o factual, propriamente dito. O restante já havia sido previamente planejado e produzido. Dispostas no princípio dos cadernos, as páginas de factual tiveram os últimos horários de fechamento previstos para viabilizar suas atualizações, enquanto as demais seguiram um cronograma distinto.

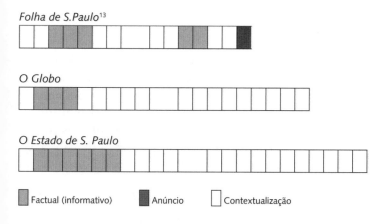

Tabela 4.2 – Páginas dos Suplementos Especiais
Distribuição das categorias de informação jornalística pelas páginas da edição especial

[13] A *Folha de S.Paulo* se valeu de dois quadros colocados na parte superior das páginas 12 e 13 para inserir fotos da repercussão da notícia entre os fiéis em diversas partes do mundo. O projeto previu um número reduzido de informações a serem atualizadas em páginas previamente montadas.

4.5 Como o design de notícias constrói discursos jornalísticos

A pesquisa apontou que, em 2005, no âmbito da página de notícias, a presença do design como discurso nos termos propostos por Margolin (1994) se deu, sobretudo, sob a forma de discursos multimodais. Isso ratifica a proposição de que o design de notícias expressaria outra relação entre linguagem verbal e não verbal, divergindo do design anteriormente presente nessas páginas, que expressava o predomínio da linguagem verbal na concepção do produto. Tais discursos multimodais tomam forma na medida em que subvertem a relação dos elementos que constituem a página ao texto verbal, antes o elemento ao qual todos os demais estavam subordinados. A organização da página passa a contemplar o tema que lhe cabe, e a subordinação dos elementos (títulos, textos, fotografias, desenhos etc.) desloca-se do texto verbal para qualquer outro – uma foto ou um infográfico, por exemplo – que enfatize ou expresse tal tema. Nesse sentido, a pesquisa também identificou que, à exceção da cor, o design de notícias se vale dos mesmos elementos gráficos anteriormente presentes na página de notícias, porém os utiliza a partir de sintaxe visual diferente.

A crônica do pontificado de Paulo VI presente no material publicado pela *Folha de S.Paulo* em 1978 (**figura 4.10**), por exemplo, é quase totalmente verbal: um texto principal se encarrega do assunto e dá sentido à página, na qual outras peças estão a ele subordinadas de modo a complementar-lhe o sentido. Já na edição de 2005, um infográfico cumpre o papel de fazer a crônica do reinado de João Paulo II (**figura 4.11**). Não há uma matéria principal (um texto verbal) na página, à qual tudo o mais esteja relacionado. O design das páginas é o discurso (multimodal) – um infográfico historiográfico. Um discurso único, no qual cada uma de suas partes não pode ser tomada separadamente, sob pena de não fazer sentido; mas também não precisa se subordinar a um texto verbal para que possa ser compreendida.

No caso de *O Estado de S. Paulo*, esse atributo do design pode ser observado no que concerne à sucessão papal. Na edição de 1978, o tema foi abordado quanto às especulações em torno do sucessor de Paulo VI na base da página 12 (**figura 4.12**), encerrando a cobertura. Não há contextualização,

O design de notícias

Figuras 4.10 e 4.11 – O Design como discurso.
Em 1978, o design se ocupava em dar a forma gráfica do discurso verbal.
Em 2005, em outro contexto comunicacional, o design tornou-se o discurso.

nenhum tipo de análise dos rumos da Igreja ou previsões para o papado. Apenas especulações. Uma linha de oito fotografias de cardeais aparece acima do texto, ilustrando-o, o que aponta para uma relação direta de subordinação. No obituário de João Paulo II, por outro lado, o discurso em torno da sucessão é expresso pelo design da página (**figura 4.13**). Mantendo-se dentro do projeto gráfico do caderno especial, a página 21 apresenta uma entrevista com o vaticanista Marco Politi a respeito do cenário da sucessão papal e de nomes, correntes e tendências envolvidas no delicado e complexo processo, caracterizado pela imprevisibilidade. Para evidenciar esse caráter, foi escolhida uma foto de autoria de Max Rossi da agência Reuters, que mostra entre silhuetas desfocadas de cardeais a figura pensativa de João Paulo II, mirando-os, como se a avaliar os postulantes a sucedê-lo. O semblante do papa aponta para a dificuldade da escolha, traço que o título reforça: "o imprevisível caminho da sucessão". O elemento que orienta o design, dominando a página e articulando todos os demais elementos (título, linha de suporte, a entrevista em si) é a

Figuras 4.12 e 4.13 – Papéis diferentes.
O Estado de São Paulo. Em 1978, a tipografia expressou a hierarquização das notícias, porém sem uma unidade discursiva. Em 2005, o design constituiu a página como um só discurso multimodal.

referida foto, cujo sentido é reforçado pela segunda fotografia disposta na (base da) página: o registro de um encontro entre o papa João Paulo I e o então cardeal Karol Wojtyla, que teve lugar em setembro de 1978, cerca de um mês antes do conclave que elegeria papa o então desconhecido cardeal arcebispo de Cracóvia.

Em *O Globo*, o design como um discurso que procura organizar a informação e mediar seu entendimento por parte do público se destaca na forma que recebeu o material relativo ao processo de sucessão e aos favoritos ao trono de São Pedro. A complexidade do processo que mistura aspectos legais da eleição de chefe de estado a uma liturgia própria, com grande vocabulário simbólico, foi descrita na forma verbal na página 17 da edição de 1978 (**figura 4.14**). Esta, apesar do título, não

O design de notícias

Figuras 4.14, 4.15 e 4.16 – A forma da sucessão.
Na edição de 1978, o design se concentrou em resolver questões espaciais: distribuir os diferentes temas pelo espaço da página. Na edição de 2005, o design teve como meta organizar a narrativa. Para isso, estabeleceu uma sequência para os assuntos, elegeu formas adequadas para cada um deles e desenvolveu um sistema no qual cada peça cumpre uma determinada função. Contudo, não perdeu em termos plásticos.

se destina somente ao assunto, misturando notas relativas à importância dos documentos deixados por Paulo VI e um suposto sequestro que teria o papa como alvo. Sua diagramação foge aos padrões vigentes ao dispor o texto principal do lado direito e boxes a ele subordinados do lado esquerdo e ao alto: começa dizendo quando ocorrerá o sepultamento; explica quem responderá pelo governo da Igreja até a escolha do novo pontífice; fala dos cardeais brasileiros e, finalmente, detalha os passos da complexa eleição.

Tais assuntos foram tratados de modo distinto em 2005, revelando uma nítida intenção de organizar a informação e dispô-la em uma ordem lógica: explicar o processo na página 18 (**figura 4.15**) e apresentar os *papabiles* na página 19 (**figura 4.16**). Em ambas, o design segue o sentido da principal peça gráfica da página, ou seja, a verticalidade do quadro que explica a sucessão foi respeitada na página 18, enquanto a horizontalidade da combinação de fotografias dos cardeais determinou a disposição dos demais elementos na página 19. As duas também mantêm o design do caderno, usando uma coluna mais estreita à direita para dispor informações adicionais em uma forma mais direta que a do texto jornalístico usual, constituindo-se, por esse motivo, em exemplos de ASF[14]. A forma tipográfica as caracteriza como tal, distinguindo-as do texto comum.

O quadro da página 18 apresenta uma espécie de resumo dos passos da sucessão papal e pode ser tomado de modo independente do restante da página, embora não se proponha a encerrar o assunto. Sua função é dupla: oferecer informações necessárias ao simples entendimento do assunto ao qual a página se refere; e servir de ponto de entrada na página, posto que, ao ler o quadro, o leitor pode então ter vontade de ler os outros elementos da página, deslocando-se por ela. Caso não queira fazê-lo, deixará a página com as informações mais elementares sobre o tema. Essa dupla função se alinha com um dos princípios do que White (2006, p. 13) classifica como indução:

> Toda página deve ter uma porta de entrada receptiva, para que seja dominante a ponto de não poder passar despercebida. Pode ser qualquer coisa – verbal, pictórica, diagramática –, mas tem de identificar, para os folheadores [*sic*] de página ainda não envolvidos, de que assunto o espaço trata e por que eles devem querer saber mais a respeito disso.

O quadro também aponta para o papel do design em desenvolver elementos que Zappaterra chama "marcadores", ou seja, peças que, ao se destacarem de forma tão pronunciada do conjunto da edição, ajudam os leitores a localizar uma informação determinada (Zappaterra, 2008, p. 57). Em ambos os casos, percebe-se a existência de uma etapa de planejamento das peças gráficas a serem usadas nas páginas, de modo a fazê-las desempenhar funções específicas na edição.

4.6 Como o Design se insere no ciclo de produção jornalística

O papel do design em fazer a mediação entre o público e a informação jornalística (Moraes, 1998) pode ser considerado com base em dois aspectos historicamente interligados. Um

14 *Alternative Story Forms*: formas distintas do texto convencional para apresentar informações relevantes ou complementares à narrativa.

deles parte do estabelecimento da visão mais comercial do jornalismo – identificada em sua história com o fim do período do publicismo (Sodré, 2009, p. 25), ainda em meados do século XIX –, cujo acirramento se deu a partir da segunda metade dos anos 1970, em meio às transformações na sociedade identificadas por Castells (1999), Kumar (1997) e Jameson (2006), entre outros. O design chegou às redações como o saber capaz de tratar a forma do produto de modo mais adequado ao mercado que se modificava, principalmente como resposta à consolidação de outras mídias predominantemente visuais. O crescimento dessas mídias, por sua vez, pode ser explicado pela dinâmica das transformações que levaram os teóricos da chamada pós-modernidade a identificar no período o predomínio da imagem. Na medida em que as tecnologias para trabalhar a informação desenvolveram interfaces baseadas em metáforas visuais, a troca de informações passou a se dar tendo na imagem uma espécie de moeda. Não que o jornal impresso não fosse também uma mídia visual, porém sua visualidade estava então limitada à forma gráfica do texto.

Outro aspecto está ligado à consequente disseminação de discursos multimodais (Kress; Van Leeuwen, 1996, p. 183) nas trocas comunicacionais, sobretudo no âmbito das páginas de notícias, cuja produção fora facilitada pelo advento de novas tecnologias de editoração e impressão. A rigor, a página jornalística já se constituía nessa categoria de texto desde que se começou a imprimir ilustrações; porém, o reaparelhamento técnico ocorrido no fim do século XX foi tal que permitiu que sofisticadas peças gráficas – pela combinação de fotografias, ilustrações, infográficos, enfim, textos de diversas formas, cores e tamanhos – fossem processadas e impressas em tempo hábil para sua publicação diária, ampliando assim a circulação desse tipo de discurso na sociedade em suas diversas camadas. O design foi acolhido nas redações como o saber capaz de viabilizar tal produção.

Seja como parte de uma estratégia empresarial para gerenciar a produção, seja como recurso de comunicação, o design tomou de tal modo o jornal impresso produzido a partir dos anos 1990 que desenvolveu traços específicos ao ponto não só de caracterizar o produto, mas, principalmente, de se desenvolver como discurso e se constituir em uma área própria do campo do Design. Tal subárea do Design corresponde ao trabalho de planejamento, organização, produção e direção do relato jornalístico, no âmbito de suas manifestações visuais impressas e/ou digitais. Dispersas entre as distintas etapas da produção jornalística, essas atribuições foram gradativamente reunidas em uma só atividade profissional a partir do fim da década de 1970, até serem formalmente identificadas pela referida denominação, design de notícias (*news design*), atribuída a tal atividade profissional nos anos 1990.

Essa atividade corresponde, no âmbito da página de notícias, à mais recente camada histórica do Design, tomando-se por base as considerações de Heskett (2008) a respeito da dinâmica de seu desenvolvimento histórico. O design de notícias é resultado da concentração de etapas ou ações ligadas à produção de jornais impressos, entre elas, o próprio design no período que o antecedeu no jornalismo. Ainda de acordo com Heskett, essas etapas continuaram a existir, porém com novo sentido. Tal concentração aconteceu na medida em que as empresas jornalísticas desenvolveram mudanças em seus objetivos e estratégias de gestão, de modo a atender às demandas advindas de modificações de diversas naturezas na sociedade em que estavam inseridas. Designers aderiram ao processo de produção de jornais no fim dos anos 1980, no contexto descrito por Silverstein (1980, p. 11, c. 1-2) como uma "revolução nos jornais". Esses profissionais deram forma àquilo que as novas tecnologias e seus reflexos na maneira de se conceber projetos editoriais jornalísticos permitiam naquele cenário. A referida concentração de etapas e ações se deu a partir da conjugação dessas tecnologias com os conceitos editoriais a que deram origem.

Na medida em que os novos jornais tomavam forma, expressando as referidas mudanças organizacionais nas empresas e, sobretudo, os novos projetos editoriais que essas mudanças impunham, o design que os viabilizava foi se consolidando no setor e assumindo a responsabilidade pelas etapas da produção de jornais que foram sendo suprimidas ou absorvidas ou, ainda, pela tarefa de realocá-las no processo. Esse novo tipo de design se desenvolveu pela combinação da cultura trazida pelos designers que ingressaram no sistema de produção de jornais com aquela que os profissionais responsáveis pelo design das páginas – nele já inseridos – desenvolveram. Silverstein (1980, p. 11, c. 3) apontava nessa direção ao afirmar que

> Os designers devem aprender sobre jornais. [...] Os jornais devem aprender como usar os designers. Isso implica reescalonamento, novos procedimentos e, acima de tudo, nova relação entre editores, pessoas de imagens, pesquisadores de imagem e todos mais.

Tal discussão girava em torno da ideia de gerenciamento (da atividade) pelo Design, ou *management by design*, não por acaso título de um artigo em destaque no primeiro número do jornal da SND (Lockwood, 1980, p. 18). A relação entre editores e "pessoas de imagem" que a nova organização demandava não era meramente profissional, mas uma relação de poder. Implicava na definição de quem está subordinado a quem – algo necessário na rede produtiva jornalística –, ou melhor, de quem decide sobre o quê. A evolução desse debate pode ser observada no modo de posicionar os profissionais no organograma das empresas jornalísticas, por exemplo.

Cantero (1959, p. 37) situa o trabalho de diagramação – que correspondia ao desenvolvimento dos *layouts* das páginas – no fluxo de produção de jornais através da construção de um diagrama (**figura 4.17**) que representa a organização dessa produção no início dos anos 1950. É importante notar que o fluxo exposto por Cantero inclui a diagramação de anúncios, indicando que as empresas jornalísticas assumiam na época as diferentes instâncias do modelo comercialmente orientado de produção de jornais.

Ribeiro (2007), por outro lado, ao reproduzir um diagrama (**figura 4.18**) que representa o modelo de organização das empresas jornalísticas no mesmo período, de autoria de Natalício Norberto, concentra o trabalho de diagramação e arte na linha coordenada pela chefia de redação, indicando a separação de atribuições entre redação e departamento comercial, distinção esta própria de uma organização empresarial diferente, que prevaleceu a partir das reformas desenvolvidas no mesmo período. Essa organização permaneceu em voga até a década de 1980, quando ocorreram as transformações implementadas pela mudança no modelo gerencial dos jornais. Os jornais publicados em 1978 analisados pela pesquisa se valeram de modelos semelhantes.

O *Novo Manual de Redação* da *Folha de S.Paulo* (Folha de S. Paulo, 1992), por sua vez, mostra outra disposição. No organograma editorial do jornal (**figura 4.19**) – desenvolvido após a implantação do *Projeto Folha* no contexto das reformas dos anos 1990 –, design aparece sob a denominação "arte", que engloba também ilustração e infografia. Fotografia aparece subordinada ao setor "imagem". Este, com os setores de "produção" e "edição", se reporta diretamente à secretaria de redação e respondem pela condução da cadeia produtiva do jornal. Tal divisão de poderes traz implícita a concentração de etapas e também as atribuições gerenciais conferidas ao design, no caso sob a denominação "imagem". Os jornais publicados em 2005 e analisados na pesquisa utilizavam modelos semelhantes.

Esquema para a publicação de um diário, segundo Cantero

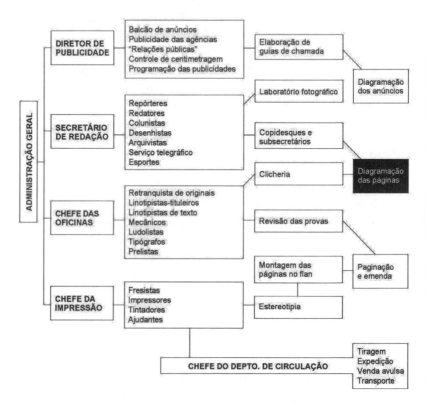

Figura 4.17 – A diagramação une redação e oficina.
A diagramação aparece posicionada ao final da linha relativa à redação e corresponde ao elemento de ligação entre esta e as oficinas. Seu papel no ciclo é finalizar uma etapa e dar início à outra.

O design de notícias

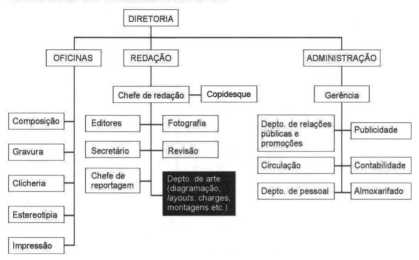

Figura 4.18 – Surge o departamento de arte.
Essa distribuição foi descrita por Norberto em um manual publicado ao final da década de 1950, ao qual a autora teve acesso e reproduziu (Ribeiro, 2007, p. 192). A redação assume a composição que duraria até os anos 1980-90. O departamento de arte concentra os ofícios relacionados ao design e está posicionado na última linha do fluxo do setor, o que indica sua importância na divisão de poderes interna.

Com efeito, os diagramas apontam para o estabelecimento de uma nova distribuição de poder que se deu na medida em que ocorreram mudanças na concepção do produto e na tecnologia associada à sua produção em três momentos históricos distintos – antes de 1950, na década de 1950 e em 1992. O design de notícias aparece no último deles, que expressa exatamente as atribuições gerenciais conferidas ao design. É possível afirmar que a história do design de notícias se confunde com o modo como tais fluxos de produção editorial jornalística se desenvolveram, de forma a consolidar-se no último deles. Um dado histórico ratifica essa afirmação: todas as reformas editoriais e gráficas empreendidas nos jornais a partir do fim dos anos 1980 tiveram como característica o deslocamento do design para a fase de tomada de decisões sobre a produção. Essa ação se manifestou na inclusão de um editor de arte (ou equivalente) nas reuniões de pauta ou de

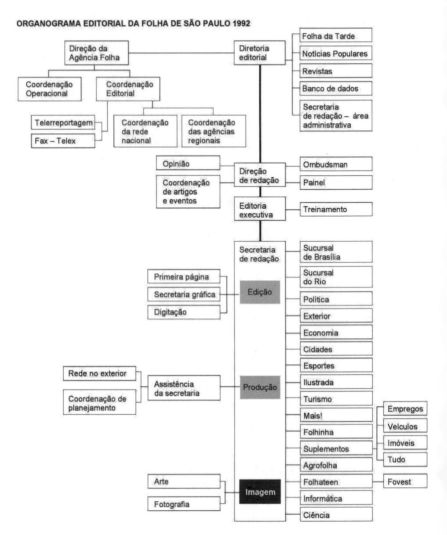

Figura 4.19 – Diagrama do manual da *Folha de S.Paulo*.

discussão e planejamento de ações editoriais. Em alguns casos, foi necessária a criação do cargo, uma vez que as prerrogativas da função se tornaram distintas da usual coordenação do trabalho dos diagramadores ou das eventuais violações no projeto gráfico autorizadas para uma cobertura específica.

O novo editor deveria ser um profissional capaz de pensar o conjunto da cobertura, a forma que esta ocuparia nas páginas,

O design de notícias

o modo como seria produzida, o tipo de abordagem, enfim, o design da notícia. Foi essa a grande novidade trazida pelos projetos de redesign quanto à distribuição de poder no interior das redações. Lockwood confirma isso ao defender a inclusão desse profissional, apontando-a como a causa de bem-sucedidas produções no jornal norte-americano *Allentown Morning Call* naquele período: "Todas essas diferentes soluções foram possíveis através da cooperação de editores, designers e redatores que procuraram comunicar de modo eficiente as notícias a partir de suas habilidades e talentos individuais" (Lockwood, 1980, p. 20, c. 1). No campo da página de notícias, essa situação confirma as observações de Margolin (1994) a respeito da formação do designer para atender à demanda provocada no cenário construído pelas novas tecnologias de comunicação.

Historicamente, a organização das redações refletia o poder dado à palavra e a quem sabia (ou podia) usá-la. O jornal se organizava em uma rígida hierarquia em que as decisões eram tomadas de forma individual. Havia um proprietário, um chefe, um editor que as tomava, e toda uma série de camadas de profissionais a ele subalterna que se encarregava de executá-las. É essa a estrutura vertical à qual Rosental Calmon[15] se refere ao caracterizar o jornal do século XX. O design identificado no trabalho desenvolvido na etapa de diagramação estava posicionado na parte inferior dessa organização, limitado a colocar os elementos na página, de acordo com as orientações do editor. Todavia, com a adoção de medidas de gestão empresarial pelas companhias jornalísticas, essa verticalização foi abalada por sua própria dinâmica interna, que dificultava sua adequação a tais medidas. O resultado final do jornal passou a interessar também ao departamento comercial, ao departamento de marketing, ao departamento de recursos humanos, ao setor industrial, enfim, à empresa como um todo que se via responsável por sua publicação. O desenvolvimento desse modelo acabou por caracterizar o tipo de jornal identificado por Barnhurst e Nerone (2001) como *corporativo*. Trata-se do jornal-empresa industrial, ligado a grandes grupos empresariais (corporações), que produz e vende seu produto levando em conta fatores outros que não apenas o debate cívico ou os valores jornalísticos. Em outras palavras, a *imprensa comercial* (Sodré, 2009, p. 25) ou o que podemos identificar como seu estado mais representativo.

15 Ver capítulo 1.1, Tabela 1, p. 46.

4.7 Aspectos metodológicos do design de notícias

Além dos aspectos gerenciais da produção, existem outros, relativos ao design no âmbito do projeto, que se manifestam no discurso que este produz, traço mais facilmente perceptível das ações relacionadas ao design de notícias. Tais discursos se oferecem de duas maneiras, quais sejam o design do veículo expresso por seu projeto gráfico e o design da notícia em si. Um corresponde ao sistema utilizado pelo veículo para expressar sua identidade visual e organizar as informações pela edição. O outro corresponde ao design como discurso. Cada um deles se utiliza de metodologias de projeto distintas.

4.7.1 Metodologias para o design do veículo

Nesse caso, o design está diretamente relacionado ao projeto editorial do veículo e corresponde, em última análise, a um tipo especial de projeto de identidade visual, cujo objetivo é dar uma forma sensível ao referido projeto. Isso se dá porque, simbolicamente, comprar um jornal representa mais do que estar bem informado: significa pertencer a um grupo, tomar uma posição em relação aos fatos ao adotar uma fonte que lhes reporte e explique. Ao adotar essa fonte (o jornal), o leitor expressa sua identificação com ela e com o que ela representa. Portanto, o jornal faz parte de uma identidade social que o leitor ostenta, ajudando a caracterizá-la, a construí-la, assim como a expressá-la (Moraes, 1998).

Assim, o design do veículo impresso ou digital corresponde a um padrão – expresso pela tipografia, pela paleta de cores, pela organização dos assuntos, pela expressão tipográfica da hierarquização de informações, pelo uso de iconografia, pelo formato ou ainda pela forma de distribuição – que, uma vez estabelecido pela frequência com que é empregado, favoreça tal identificação por parte do público. Em jornalismo, esse padrão recebe o nome de projeto gráfico do veículo e corresponde à manifestação do que Ouriques classifica como a *linguagem visual do veículo*:

> A articulação dos diversos significantes visuais (sejam cores, formatos, papéis, gêneros de impressão, famílias, corpos, medidas, cortes, fios, vinhetas, ilustrações, quadros etc.), em coerên-

cia ou não com as ideias expressas no texto (*apud* Barbosa; Rabaça, 1987, p. 235).

Tal definição torna mais clara a separação entre as duas áreas do design de notícias, posto que, no que diz respeito ao design do veículo, se trata do estabelecimento de um sistema que favoreça não só a identificação do veículo em questão, mas também sua organização, a ponto de orientar o deslocamento do leitor em suas páginas. Aplica-se, assim, a todas as notícias.

Metodologicamente, esse design parte de um conceito a respeito do que deve ser ou representar o jornal, aliado ao resultado de pesquisas qualitativas que têm como objetivo apontar seus pontos positivos e negativos, assim como a ideia que o público tem a respeito dele, ou seja, aquilo que ele é ou representa para os leitores (**figura 4.20**). Tal conceito orienta o projeto editorial, que será expresso pelo design do veículo. Por exemplo, embora publicados pela mesma empresa, os jornais cariocas *O Globo* e *Extra* têm projetos editoriais de tal modo distintos que chegam perto da oposição, o que reflete o conceito de cada um deles: enquanto *O Globo* é um jornal identificado com a classe média alta, o *Extra* está relacionado com as camadas ditas populares, aquelas de menor poder aquisitivo. Tanto o projeto editorial quanto o design de cada um desses jornais deve refletir e reforçar simbolicamente o vínculo com essas audiências.

Para tanto, o design do veículo é desenvolvido de acordo com uma sequência de etapas dispostas segundo uma ordem específica: são produzidos protótipos das páginas; os protótipos são avaliados com base no conceito proposto. Se for negativa a avaliação, as páginas são refeitas; se for positiva, passa-se para a etapa seguinte – a produção de edições-laboratório ou edições paralelas (no caso de redesign). Nessa etapa, realiza-se o treinamento da redação que irá produzir o jornal e criam-se também os modelos de páginas e seções (*templates*) a serem usados na produção diária. É a aplicação desse recurso que confere velocidade à produção, otimizando-a no dia a dia. Novamente o trabalho é avaliado em relação ao conceito proposto e também à viabilidade do fluxo de produção. Em caso negativo, são feitos ajustes tanto no projeto como em sua linha de produção. Essa etapa dura até que se considerem satisfatórios tanto o produto como o sistema que o produz. Em caso positivo, tem início a produção.

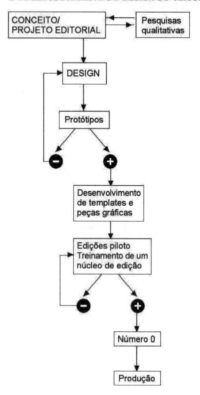

Figura 4.20 – Diagrama do fluxo de produção do design do veículo. A metodologia para o design de um veículo jornalístico é regida pela pertinência a seu projeto editorial.

4.7.2 Metodologias para o design da notícia

O design de notícias está diretamente ligado à fase de planejamento da edição, etapa na qual se estabelece uma categorização dos assuntos que compõem a pauta para a edição (**figura 4.21**). Primeiramente, os assuntos são distribuídos entre editorias e seções; a seguir acontece a diferenciação entre as notícias ordinárias previstas para o dia e aquelas extraordinárias, conhecidas como *apostas*, notadamente mais importantes segundo os critérios editoriais adotados pelo jornal e que supostamente interessariam mais aos leitores. Em maior volume, as primeiras são organizadas nas páginas através da aplicação dos modelos (*templates*) e peças desenhados

O design de notícias

Figura 4.21 – Fluxo de produção do design de notícia. Complexidade na rotina de produção.
O diagrama mostra a complexidade do trabalho. O ordinário recorre a peças projetadas para ganhar tempo na produção e pode ser trabalhado por profissionais de outro perfil. Já o que é relevante fica a cargo do designer de notícias, que dirige ambas as faces da produção.

para o design do veículo. Representam o usual, identificado nas peças que correspondem aos diversos gêneros jornalísticos – colunas, artigos, matérias etc. –, elementos cujas formas contribuem para reforçar a identidade visual e editorial do veículo.

Já as apostas, embora se mantenham dentro dos parâmetros estabelecidos pelo design do veículo, recebem tratamento diferenciado para evidenciar sua importância ou sua excepcionalidade, como no caso do obituário do papa. A importância editorial de tais assuntos torna-se assim claramente perceptível por meio do design. Esse design diferenciado corresponde a discursos multimodais que, embora compartilhem alguns aspectos fundamentais do design do veículo – tipografia, por exemplo –, se articulam com base em uma sintaxe diferente daquela adotada para os textos ordinários. Em sua rotina diária, é na produção de tais discursos que o designer de notícias se concentra, enquanto os demais, manifestos pela aplicação dos modelos que compõem o projeto, podem ser produzidos por outros profissionais envolvidos na produção.

Uma vez definida a pauta e identificadas as apostas, o trabalho do designer se desenvolve a partir da resposta a uma questão específica: *como a notícia pode ser mais bem compreendida?* A resposta está na escolha do recurso mais adequado à informação em questão e ao contexto da publicação: texto, fotografia, ilustração, infografia, caderno especial, quadrinhos, mapas, enfim, categorias que compõem o repertório da edição e que, uma vez empregadas, se constituem em um sistema partilhado pelos leitores. Escolhidos os recursos a serem usados, a qualidade da informação disponível e o tempo de produção determinam o restante do processo.

Nesse sistema, uma avaliação positiva autoriza o avanço para a etapa seguinte. Se for negativa, pode determinar a escolha de outro recurso quando nem as informações disponíveis nem o prazo para a produção forem adequados; ou determinar a ampliação do trabalho de apuração das informações, nos casos em que a cobertura for inadiável. O fluxo de produção em rede é determinante para essa segunda atribuição do designer de notícias. Isso porque, ao contrário do que ocorre em um fluxo em linha, no qual as fases concentram a confecção de uma determinada parte do conjunto do produto, o design aparece distribuído pelas diversas fases da produção e pode ser resumido em três ações distintas: projeto, planejamento e direção da produção.

O *projeto* corresponde à procura por um discurso que cumpra o objetivo de explicar a notícia aos leitores de acordo com o projeto editorial do veículo e cuja produção seja viável dentro de um sistema com características tão peculiares quanto o da produção de um jornal. *Planejamento* pode ser entendido como o esforço de colocar o projeto em andamento: previsão de prazos, de custos (quando necessário), escolha da equipe, interação com os demais setores envolvidos (marketing, comercial, industrial, tecnologia etc.), além do gerenciamento das informações relativas ao trabalho. A *direção* da produção, por sua vez, pode ser entendida como a ação de manter o trabalho dentro dos limites traçados no projeto nas diversas fases de sua produção. Exige o domínio de algumas técnicas e conhecimentos – design, redação, edição, fotografia, produção gráfica, produção editorial, ilustração, infografia, marketing etc. – e, sobretudo, o entendimento do modo como a produção se dá e de como produto, produção e design se inserem em seu contexto histórico.

Esse perfil profissional corresponde àquele descrito por Margolin (1994) como necessário diante do contexto que a intensificação das trocas comunicacionais construiu a partir dos anos 1990. Existe, porém, uma fronteira muito tênue entre o trabalho desse designer e o do editor (Moraes, 1996), uma vez que a este último caberia a tarefa de editar, ou seja, de montar o jornal, separando – por um processo de seleção ou eliminação – entre as potenciais notícias que chegam à redação aquelas tidas como relevantes para o leitor, determinando seu peso na cobertura, o espaço que ocuparão na edição ou ainda o tratamento que devem receber. Esses jornalistas foram formados por uma cultura profissional fundada na linguagem verbal, assim como os designers o foram em relação à linguagem não verbal ou a considerar seu trabalho apenas a tradução visual de determinada proposta (Wild, 1996). A separação entre "pessoas de texto" e "pessoas de imagem" que vigorava nas redações até o fim do século XX e estabeleceu as atribuições de um grupo e de outro no ciclo de produção se dissipou. O novo contexto comunicacional inspira uma revisão desses limites, uma vez que expressa talvez a principal característica da sociedade em rede: a construção de sistemas altamente integrados por estruturas flexíveis de grande complexidade e abrangência (Castells, 1999). O design de notícias, assim como os discursos que produz, pertence a essa ordem, a esse estado de coisas.

4.8 Considerações quanto aos produtos editoriais digitais

As características do design de notícias e os postulados teóricos que o regem não se restringem às manifestações impressas do jornalismo contemporâneo, posto que é exatamente a ideia de abrangência às demais manifestações que o distingue do design que o precedeu historicamente. Existem, porém, algumas considerações importantes que devem ser levadas em conta no âmbito deste livro e da reflexão a que se propõe. A primeira delas diz respeito ao caráter de desenvolvimento constante das transformações que lhe deram origem, que impõem uma situação nova quanto ao estabelecimento de limites. Uma vez que é característico da sociedade em rede seu caráter de expansão constante, as modificações em suas tecnologias e nos produtos que as empregam impedem que se estabeleça claramente um ponto final para o desenvolvimento de qualquer objeto ou que se separe um design dedicado a um meio de outro, dedicado a um meio distinto. Pelo contrário, trabalha-se com a ideia de um jornalismo em constante desenvolvimento quanto à sua(s) forma(s).

Outra consideração importante refere-se ao conceito de "multiplataforma", supondo um design que favoreça a apropriação da produção por diversas mídias. Essa proposta foi claramente exposta na campanha de lançamento do (então) novo projeto gráfico da *Folha de S.Paulo*, em 2012. Sem entrar no mérito da discussão em torno da eficiência do projeto em relação à proposta anunciada, a nova tipografia foi apresentada como tendo sido desenvolvida para facilitar a leitura do jornal em plataformas diversas, o que as imagens de uma mesma página em suas versões impressa, monitor, *tablet* e *mobile* ratificavam. Há, porém, que se separar as coisas. O fato de uma página poder ser lida em suportes diferentes não significa que essa leitura aproveite os recursos que cada um deles oferece, muito menos que seja isso o esperado por parte do público. Cada meio tem suas peculiaridades e o que se espera é poder aproveitá-las.

Tomando por base a cobertura jornalística da eleição do papa Francisco[16], realizada em 13 de março de 2013, após a renúncia de Bento XVI, podemos reconhecer as mesmas evidências apontadas na pesquisa acerca dos obituários de Paulo VI e João Paulo II. Entretanto, o contexto das versões digitais dos mesmos *O Globo*, *Folha de S.Paulo* e *O Estado de S. Paulo*[17] aponta para o predomínio das formas não convencionais (ASF) e para uma significativa mudança quanto à edição da referida cobertura. Os três veículos distribuíram a cobertura em suas versões para computadores pessoais, *tablets* e *smartphones*, além de suas versões impressas. Nelas, as mesmas estratégias industriais foram usadas, com a diferença, porém, de

16 O cardeal argentino Jorge Mario Bergoglio foi eleito para suceder Bento XVI, sucessor de João Paulo II, que renunciou após cerca de 12 anos de pontificado. Uma vez eleito, escolheu o nome de Francisco. Sua eleição ocorreu em um contexto de mídia marcado pela profusão de aparelhos móveis – os *tablets*, além dos já usuais *smartphones* – ampliada com o lançamento do iPad pela Apple, em 2010.

17 Disponível em: <http://oglobo.globo.com/mundo/o-argentino-jorge-mario-bergoglio-eleito-novo-papa-7829279>; <http://www1.folha.uol.com.br/especial/2013/sucessaopapal>; <http://topicos.estadao.com.br/papa>.

serem publicadas em uma quinta-feira, o que não comprometeu a produção de cadernos. As versões digitais, por sua vez, acompanharam o desenrolar dos acontecimentos em tempo real, desde antes do início do conclave que o elegeu, combinando recursos como vídeos, fotos, depoimentos, infográficos, animações e até recursos interativos como jogos à forma estabelecida dos textos.

Essa situação aponta para uma mudança no fluxo de produção dos jornais centrada na redução do intervalo entre as edições, também chamado *ciclo de edição*. Tal fluxo era orientado para a produção de uma ou mais edições diárias de um jornal impresso, que era apenas uma parte de um sistema de mídia que envolvia ainda a TV e o rádio, além de revistas e outros impressos de periodicidade diferente, que disputavam mercados distintos, definidos pelas peculiaridades de cada mídia. Com o advento das novas tecnologias, o leque de mídias desse sistema se ampliou, alterando, contudo, essa relação de concorrência pela disputa entre veículos já estabelecidos em mercados específicos – impresso, televisivo etc. – no mesmo mercado digital que se abriu. Em outras palavras, para vingar nesse novo mercado disputado por todos, se um suposto jornal fechava diariamente às 21 horas, foi obrigado a estabelecer diversos ciclos de fechamento ao longo das 24 horas do dia, sete dias por semana.

Nesse contexto, a inserção de designers no processo se deu de forma definitiva e abrangente, de modo a viabilizar essa redução de prazos concomitante à ampliação da frequência dos ciclos. Além disso, sua intervenção se faz indispensável no que se refere à identidade dos veículos na rede em expansão. Mais do que publicar determinada peça – que pode ser apropriada por outro sujeito ativo na rede –, é preciso identificá-la com a publicação, torná-la claramente um discurso do veículo em questão, não importando a plataforma em que se expresse.

4.9 O design de notícias e seu contexto

O estudo de casos comprovou ser condição para que o design de notícias se manifeste o seu posicionamento nas etapas iniciais do processo de produção de jornais, etapas nas quais se dão o planejamento do trabalho a ser executado e o projeto do produto editorial a ser desenvolvido. Com efeito, a forma como a notícia se configura reflete esse posicionamento.

Assim, o presente estudo relacionou o design de notícias à identificação de três elementos que resultam diretamente do esforço projetivo do designer:

- A adequação do design da(s) página(s) ao tema da cobertura, sem prejuízo do projeto gráfico do veículo.
- O uso de infográficos.
- A utilização de formas não convencionais para a apresentação da história (ASF).

A presença de tais elementos indica o propósito de se usar o design de modo distinto da mera apresentação gráfica, empregando-o na produção de discursos. Isso implica ações de projeto, criação e direção voltadas para a produção de jornais formalmente distintos daqueles que os antecederam, produção esta que só se torna possível em escala industrial se for adotada uma estrutura que contemple o Design em suas diferentes etapas, a começar em seu planejamento.

O produto que resulta desse processo se distingue daqueles que o antecederam historicamente, em especial no que tange à linguagem visual (Ouriques *apud* Barbosa; Rabaça, 1987). O jornal oriundo desse processo combina a funcionalidade das peças gráficas – que mapeiam a edição e orientam os leitores – com discursos multimodais desenvolvidos para expressar o relato do fato jornalístico, sua contextualização ou a opinião do veículo a seu respeito. Ambos os fatores conduzidos pelo designer.

Tal produto pertence ao mesmo contexto que deu origem a aparelhos como os *smartphones* ou os *tablets*. Se, por exemplo, o iPhone agrega a expressão visual a um meio em que predominava o discurso verbal oral – como era o do telefone até o seu advento –, o design de notícias representa o mesmo nível de transformação em relação ao discurso predominantemente (mas não exclusivamente) verbal dos jornais. A mesma sociedade os produz e consome. O indivíduo que utiliza aparelhos como esses, produzindo todas essas ações comunicacionais ao combinar imagens, palavras e sons, é o mesmo destinatário dos jornais que se expressam através de discursos semelhantes, combinando imagens, palavras, cores, sons, movimento (em suas versões digitais) etc.

Tanto o jornal que resulta desse tipo de design como o próprio design de notícias integra-se na lógica das redes

O design de notícias

interligadas e em crescente expansão (Castells, 1999), características do período. São eles mesmos parte dessa complexa relação, integrando-se a um sistema de mídia que envolve e sustenta a reprodutibilidade da sociedade que o produz e consome. Um como produto destinado à mediação, o outro como saber que a viabiliza. Nesse intrincado sistema no qual tudo o que pode servir como barreira à expansão da rede deve ser eliminado, a visualidade dos jornais se oferece como facilitador dessa mediação. Isso porque, mesmo em um campo que se distingue da arte, "[...] as limitações da inteligibilidade verbal, para não falar nas leis da engenharia, são muito mais rígidas que os hábitos do olho" (Anderson, 1999, p. 111).

O design de notícias responde pelo desenvolvimento do que seria uma inteligibilidade visual, um discurso cuja flexibilidade ampliaria as possibilidades de mediação. Tal inteligibilidade estaria fundada não na equivocada substituição do verbo pela imagem – como sustentam seus críticos –, mas no caráter multimodal dos discursos. Estes, construídos na complexa relação entre textos verbais e não verbais, também refletiriam a rede flexível e em expansão que caracteriza a sociedade classificada por Castells (1999). Na dinâmica de construção dessas redes, o design de notícias exerceria o papel de elo, ao ligar na página de notícias a padronização associada ao "Alto Modernismo" – identificada na rigidez com que a forma do jornal foi repetida – à fluidez que lhe sucedeu historicamente – a estética cambiante apontada por Kopp (2004) – e que pode ser identificada nos discursos manifestos pelo design de notícias que rompem com esse padrão estabelecido. Para Kopp, o design cambiante marca o questionamento da unidade visual em design, relacionada ao Alto Modernismo, e se expressa pelo trânsito constante de significantes (2004, p. 126), cada vez mais frequente a partir dos anos 1980[18]. É possível afirmar que tal trânsito se manifesta na variação da forma da notícia posta em prática pelo design de notícias em seu contexto histórico, que coincide com aquele apontado por Kopp.

Diante das transformações que levaram Margolin (1994) a identificar na sociedade da passagem do século XX para o XXI a chamada "Idade da Comunicação", o design de notícias se configura como a manifestação do que ele aponta ser um devir do Design em um terreno específico da cultura de tal sociedade. Nesse cenário, a contribuição do design de notícias ao campo do Design – no qual se inscreve – se dá no sentido

18 O autor enfatiza que a mutabilidade do design identificada por ele como cambiante é o resgate de uma prática corrente até os anos 1930 (Kopp, 2004).

de discutir o papel do Design na produção discursiva de tal sociedade e, assim fazendo, na afirmação, na reprodução e no aperfeiçoamento dessa sociedade.

Conclusão

Historicamente, o advento do design de notícias está diretamente relacionado à série de mudanças econômicas e sociais ocorridas a partir dos últimos 25 anos do século XX, como um de seus reflexos no campo comunicacional e simbólico da sociedade. Os marcos históricos mais relevantes desse surgimento foram a criação da Society of Newspapers Designers (SND) nos Estados Unidos entre 1978 e 1979 e o lançamento do diário norte-americano *USA Today*, em 1982. Com o desenvolvimento de novas tecnologias de comunicação e informação a partir dos anos 1980, as práticas comunicacionais se modificaram ao ponto de surgirem novos protocolos e mídias para o consumo de produtos jornalísticos.

Paralelamente, a concentração de empresas de comunicação inserida no processo de mundialização da economia modificou o mercado jornalístico, provocando o acirramento do caráter comercial das publicações, que prevalecia desde o fim do período identificado como publicismo (Sodré, 2009), ainda em meados do século XIX. Nesse cenário, as empresas de comunicação adotaram modelos de gerenciamento industrial, com o objetivo de organizar a produção e racionalizar seus resultados. Entre as medidas adotadas, destacou-se a valorização do design empregado na organização da produção; na renovação, atualização ou criação de produtos editoriais jornalísticos para as diversas mídias; na produção dos discursos veiculados por essas mídias.

Nesse contexto, tal design recebeu a qualificação "de notícias", denominação que direciona sua atuação para a atividade jornalística, concentrando-se no planejamento da produção e na elaboração da forma da notícia em qualquer mídia. Assim, distinguia-se do design anteriormente presente no meio, cujo foco estava na organização visual da informação jornalística nos veículos impressos. Formalmente, a denominação foi adotada a partir de 1997, quando a SND, já transformada em uma organização profissional internacional, modificou seu nome para Society for News Design.

O presente estudo teve por objetivo conceituar e caracterizar esse novo tipo de design, qual seja o design de notícias. Para tanto, por meio de pesquisa desenvolvida a partir da metodologia de Yin (2005) para o estudo de casos, apontou as características desse design, distinguiu-o de manifestações de design anteriores no âmbito da página de notícias, sistematizou sua metodologia de trabalho e discutiu sua inserção no campo do Design ao contextualizá-lo no período identificado por Margolin (1994) como Idade da Comunicação.

O design de notícias se caracteriza fundamentalmente pela inserção do designer nas etapas decisórias do sistema de produção de jornais, respondendo pelo planejamento e pela produção de discursos elaborados a partir da combinação de linguagem verbal e não verbal. Assim, difere das manifestações de design anteriores aos anos 1980 no âmbito da página de notícias por essas se restringirem à distribuição e organização do material jornalístico (títulos, textos, ilustrações etc.) na página, expressando graficamente a hierarquização editorial dos assuntos, o que as aproximava mais da diagramação do que do design, e as subordinava à linguagem verbal, na qual o discurso se concentrava até então. Nos termos de Margolin (1994, p. 13), essas manifestações estariam inseridas na produção do que chama "formas visuais", uma espécie de tradução visual dos textos a partir da utilização da linguagem gráfica corrente no meio (o jornal).

O design de notícias, por outro lado, expressaria o rompimento com a forma verbal estabelecida e enfatizaria a combinação da linguagem verbal com a não verbal para fazer a mediação entre o público e a notícia. Tais indícios têm a ver com a condição do design de notícias como discurso e ratificam sua inserção no contexto construído a partir dos anos 1980. Nele, a sociedade se viu, segundo Kopp (2004, p. 126), "[...] permeada pelo efêmero, instantâneo, transitório, flexível, plural, sincrético, superficial, mutável, cambiante fluido". Supostamente estimulada pelas transformações que edificaram a sociedade em rede (Castells, 1999), tal sociedade desacreditou as grandes soluções estabelecidas – nas quais se inclui o tradicional design dos jornais, sua forma estabelecida – e abriu-se

Conclusão

para um número maior de vozes (Kopp, 2004), assimilando-
-as. O design de notícias corresponde a uma dessas vozes.

Parte daquilo que Castells (1999) e Kopp (2004) per-
cebem nas transformações em andamento na sociedade,
Margolin (1994) identifica com o que chama "Idade da Comunicação". Na dinâmica inerente a tal período, o design de
notícias corresponde ao esforço de produção de discursos por
parte do designer no âmbito da produção editorial jornalística,
esforço este que corresponde a uma das formas de manifestação do Design no referido contexto histórico. Tais manifestações não se limitam à formulação visual de discursos
produzidos por outros, mas expressam a condição do Design
como produtor de discursos.

Com efeito, se o produto do trabalho do designer é entendido como um produto cultural, torna-se legítimo afirmar que
o designer produz textos – na concepção da Análise do Discurso, o produto cultural, formas empíricas do uso da linguagem verbal ou de outros sistemas semióticos (ver capítulo 3) –,
que podem ser tomados como discursos na medida em que
revelam seu contexto, ou seja, os processos sócio-históricos de
produção de sentidos nos quais se desenvolvem. Assim, o que
afirma Margolin (1994) em relação ao designer como produtor de discursos ganha relevo se considerado que a suposta
preferência da Análise do Discurso em se deter sobre os textos
verbais em detrimento dos outros sistemas semióticos (Pinto,
2002) expressa uma relação de poder, na qual a linguagem
verbal se sobrepõe às demais.

O que Margolin antecipa é que a referida Idade da Comunicação impõe outra relação de poderes entre a linguagem
verbal e a de outros sistemas semióticos, que eram usados para
expressar tal linguagem. Com o novo contexto comunicacional, tais sistemas ganharam importância. Assim, o design de
notícias como discurso corresponderia ao uso da linguagem
gráfica da página de notícias (a *língua*) em um contexto particular (a *notícia*). Nesse sentido, se distinguiria de suas manifestações ocorridas antes dos anos 1980 por serem estas a
expressão de um modelo, de uma forma-padrão de jornal que
seria a mesma em qualquer contexto. Ao criar um design para
a notícia, que leve em conta suas peculiaridades e seu contexto,
o designer produz um discurso, uma vez que tais peculiaridades e tal contexto podem ser identificados em sua produção por meio das marcas deixadas em sua superfície, como

demonstrou a pesquisa sobre o obituário dos papas Paulo VI e João Paulo II.

Assim, são indícios da presença do design de notícias, segundo a pesquisa, o design de página que enfatiza um determinado conteúdo pela combinação de linguagem verbal e não verbal sem prejuízo do projeto gráfico do veículo; a presença de infográficos, por natureza expressão de discursos multimodais; e a utilização de ASF, cuja essência corresponde exatamente ao rompimento com a referida forma estabelecida dos jornais, expressão de sua subordinação à linguagem verbal. Tais elementos constituem-se em marcas do contexto sócio-histórico em que se desenvolvem e circulam, contexto este no qual as diversas vozes apontadas por Kopp (2004) se expressam pela combinação de distintos sistemas semióticos.

Portanto, o que Margolin (1994) aponta em relação ao devir do Design no novo contexto comunicacional está ligado a sua capacidade de se relacionar com tal variedade de linguagens e vozes. Cada vez mais responsável pela mediação nesse contexto sócio-histórico, o designer tornou-se um sujeito ativo desse processo, ora facilitando a produção e circulação de sentidos, ora produzindo os discursos que os veiculam. Assim, o design de notícias é mais a manifestação do Design inserido em tal contexto comunicacional do que uma ocorrência pontual na dinâmica interna do Jornalismo.

Referências bibliográficas

ABREU, A. A. **A modernização da imprensa** *(1970-2000)*. Rio de Janeiro: Jorge Zahar, 2002.

ABREU, A. A.; RAMOS, P. A. (Org.) et al. **A imprensa em transição:** o jornalismo brasileiro nos anos 50. Rio de Janeiro: Fundação Getúlio Vargas, 1996.

ABRIL. **A revista no Brasil.** São Paulo: Abril, 2000.

ALVARADO, M. "Photographs and narrativity". In: ALVARADO, M.; BUSCOMBE, E.; COLLINS, R. **Representation & photography:** a screen education reader. New York: Palgrave, 2001. p. 148-163.

ALSINA, M. R. **A construção da notícia.** Petrópolis: Vozes, 2009.

AMBROSE, G.; HARRIS, P. **Dicionário visual de design gráfico.** Porto Alegre: Bookman, 2009.

ANDERSON, P. **As origens da pós-modernidade.** Rio de Janeiro: Jorge Zahar, 1999.

ARNOLD, E. "Getting back to basics with Edmund Arnold". **Design,** Rhode Island, n. 77, p. 32-42, winter 2000. Interview.

AUBENAS, F.; BENASAYAG, M. **A fabricação da informação:** os jornalistas e a ideologia da comunicação. São Paulo: Edições Loyola, 2003.

BAGDIKIAN, B. H. **O monopólio da mídia.** São Paulo: Página Aberta, 1993.

BAHIA, J. **Jornal, história e técnica:** história da imprensa brasileira. São Paulo: Ática, 1990.

BARBOSA, G.; RABAÇA, C. A. **Dicionário de comunicação.** São Paulo: Ática, 1987.

_____. **Dicionário de comunicação.** 2. ed. Rio de Janeiro: Campus, 2001.

BARNHURST, K. G. Are graphic designers killing newspapers? **Revista Latina de Comunicación Social,** La Laguna, n. 5, 1998. Disponível em: <http://www.ull.es/publicaciones/latina/a/97kevin1.1.htm>. Acesso em: 20 maio 2005.

BARNHURST, K. G.; NERONE, J. **The form of News:** a history. New York: The Guilford Press, 2001.

BAUDRILLARD, J. A moral dos objetos: função-signo e lógica de classe. In: MORALES, A. A. et al. **Semiologia dos objetos.** Petrópolis: Vozes, 1972. p. 42-87.

BAUER, M. W.; GASKELL, G. (Ed.). **Pesquisa qualitativa com texto, imagem e som**: um manual prático. Petrópolis: Vozes, 2007.

BELTRÃO, L. **Iniciação à filosofia do jornalismo.** São Paulo: Edusp, 1992.

BHASKARAN, L. **Designs of the times:** using key movements and styles for contemporary design. Mies: Rotovision, 2005.

BOURDIEU, P. **A economia das trocas simbólicas.** São Paulo: Perspectiva, 1992.

_____. **Sobre a televisão.** Rio de Janeiro: Zahar, 1997.

BRIGGS, A.; BURKE, P. **Uma história social da mídia**: de Gutemberg à internet. Rio de Janeiro: Jorge Zahar, 2004.

BURKE, P. **Testemunha ocular**: história e imagem. Bauru: Edusc, 2004.

CAMARGO, M. de. **Gráfica**: arte e indústria no Brasil: 180 anos de história. São Paulo: Bandeirantes Gráfica, 2003.

CANTERO, F. **Arte e técnica da imprensa moderna.** São Paulo: Jornal dos Livros, 1959.

CASTELLS, M. **A sociedade em rede.** São Paulo: Paz e Terra, 1999.

CHARAUDEAU, P. **Discurso das mídias.** São Paulo: Contexto, 2007.

_____. **Linguagem e discurso.** Modos de organização. São Paulo: Contexto, 2009.

CHARAUDEAU, P.; MAINGUENEAU, D. **Dicionário de análise do discurso.** São Paulo: Contexto, 2006.

CHARTIER, R. **Inscrever e apagar**: cultura escrita e literatura, séculos XI-XVIII. São Paulo: Unesp, 2007.

Referências bibliográficas

COELHO, L. A. L. (Org.). **Conceitos-chave em design**. Rio de Janeiro: Editora PUC-Rio: Novas Ideias, 2008.

DENIS, R. C. **Uma introdução à história do design**. São Paulo: Blucher, 2000.

DINES, A. (Org.). **100 páginas que fizeram história**. São Paulo: LF&N, 1997.

_____. Para celebrar é preciso contar a verdade. **Observatório da Imprensa**, São Paulo, n. 551, ago. 2009. Disponível em: <http://www.observatoriodaimprensa.com.br/news/view/para_celebrar_e_preciso_contar_a_verdade>. Acesso em: 20 jan. 2010.

_____. O senso trágico deve funcionar ANTES, como alarme, ou depois, como lamento? **Observatório da Imprensa**, São Paulo, n. 9, nov. 1996. Disponível em: <http://www.observatoriodaimprensa.com.br/news/view/_ed9_o_senso_tragico_deve_funcionar_antes_como_alarme_ou_depois_como_lamento>. Acesso em: 26 jan. 2010.

DIZARD, W. P. **A nova mídia.** A comunicação de massa na era da informação. Rio de Janeiro: Jorge Zahar, 1998.

DONDIS, D. A. **La sintaxis de la imagen**: introducción al alfabeto visual. Barcelona: Gustavo Gili, 1990.

DUBOIS, P. **O acto fotográfico**. Lisboa: Vega, 1992.

DUCROT, O.; TODOROV, T. **Dicionário enciclopédico das ciências da linguagem**. São Paulo: Perspectiva, 2007.

DURANT, W. **A história da filosofia**. São Paulo: Nova Cultural, 2000.

FERREIRA, D. F.; LAUAND, J.; SILVA, M. F. **Opus Dei**: os bastidores: história, análise, testemunhos. Campinas (SP): Versus, 2005.

FIORIN, J. L. **Elementos de análise do discurso**. São Paulo: Contexto, 2009.

FOLHA DE S. PAULO. **Novo manual da redação**. São Paulo: Folha de S. Paulo, 1992.

FONSECA, V. P. S. **Indústria de notícias**: capitalismo e novas tecnologias no jornalismo contemporâneo. Porto Alegre: UFRGS, 2008.

FORTY, A. **Objetos de desejo**: design e sociedade desde 1750. São Paulo: Cosac Naify, 2007.

GARCIA, L. Governo Lula. **Observatório da Imprensa**, São Paulo, n. 272, abr. 2004. Disponível em: <http://www.observatoriodaimprensa. com.br/news/view/luiz_garcia_25319>. Acesso em: 1 dez. 2014.

GARCIA, M. R. **Newspaper evolutions**. St. Petersburg: The Poynter Institute for Media Studies, 1997.

GARCIA, M. R.; STARK, P. **Eyes on the news**. St. Petersburg: The Poynter Institute for Media Studies, 1991.

GUNNING, T. O retrato do corpo humano: a fotografia, os detetives e os primórdios do cinema. In: CHARNEY, L.; SCHWARTZ, V. **O cinema e a invenção da vida moderna**. São Paulo: Cosac Naify, 2004.

GURAN, M. **Linguagem fotográfica e informação**. Rio de Janeiro: Rio Fundo Editora, 1992.

HELAL, R.; CATALDO, G. A morte e o mito: as narrativas da imprensa na cobertura jornalística da morte de Ayrton Senna. In: FREITAS, R.; NACIF, R. (Org.). **Comunicação, arte e cultura**. Rio de Janeiro: EDUERJ, 2005. v. 1, p. 47-62.

HESKETT, J. **El diseño en la vida cotidiana**. Barcelona: Editorial Gustavo Gili, 2005.

_____. **Design**. São Paulo: Ática, 2008.

HOBSBAWN, E. J. **A era do capital**: 1848-1875. Rio de Janeiro: Paz e Terra, 1996.

HOLLIS, R. **Grafhic design**: a concise history. London: Thames and Hudson, 1994.

_____. **A era das revoluções**: 1789-1848. Rio de Janeiro: Paz e Terra, 2007.

HURLBURT, A. **Layout**: o design da página impressa. São Paulo: Nobel, 1986.

JAMESON, F. **A virada cultural**: reflexões sobre o pós-moderno. Rio de Janeiro: Civilização Brasileira, 2006.

JAPIASSÚ, H.; MARCONDES, D. **Dicionário básico de filosofia**. Rio de Janeiro: Jorge Zahar, 2008.

JEANNENEY, J.-N. **Uma história da comunicação social**. Lisboa: Terramar, 1996.

Referências bibliográficas

JENKINS, H. **Cultura da convergência**. São Paulo: Aleph, 2008.

KOPP, R. **Design gráfico cambiante**. Santa Cruz do Sul: EDUNISC, 2004.

KRESS, G.; VAN LEEWEN, T. **Reading images**: the grammar of visual design. London: Routledge, 1996.

KUMAR, K. **Da sociedade pós-industrial à pós-moderna**: novas teorias sobre o mundo contemporâneo. Rio de Janeiro: Jorge Zahar, 1997.

KUNCZIK, M. **Conceitos de jornalismo**: norte e sul. São Paulo: Edusp, 2002.

LESSA, W. D. "Amílcar de Castro e a reforma do jornal do Brasil". In: **Dois estudos de comunicação visual**. Rio de Janeiro: Editora UFRJ, 1995.

LIMA, E. L. C. "Design gráfico, um conceito em discussão". In: P&D ESTUDOS EM DESIGN, 96. **Anais...** Rio de Janeiro: AEnD-BR, 1996.

LIMA, G. C. **O gráfico amador**: as origens da moderna tipografia brasileira. Rio de Janeiro: Editora UFRJ, 1997.

LIPPMANN, W. **Opinião pública**. Petrópolis: Vozes, 2008.

LOCKWOOD, R. Newspaper management by design. **Design: the journal of the Society of Newspaper Designers**, Baltimore, n. 1, mar. 1980.

LUPTON, E.; MILLER, A. **Design writing research**: writing on graphic design. London: Phaidon Press Limited, 2000.

LUSTOSA, I. **O nascimento da imprensa brasileira**. Rio de Janeiro: Jorge Zahar Editor, 2003.

LYOTARD, J.-F. **A condição pós-moderna**. Rio de Janeiro: José Olympio, 2006.

MARCONDES, D. **Iniciação à história da filosofia**: dos pré-socráticos a Wittgenstein. Rio de Janeiro: Jorge Zahar Editor, 2005.

MARCONDES FILHO, C. **Comunicação e jornalismo**: a saga dos cães perdidos. São Paulo: Hacker, 2002.

MARGOLIN, V. A idade da comunicação: um desafio para os designers. **Estudos em design**, Rio de Janeiro: v. 2, n. 1, p. 10-14, 1994.

McBRIEN, R. **Os papas:** os pontífices: de São Pedro a João Paulo II. São Paulo: Loyola, 2000.

McLUHAN, M. **Os meios de comunicação como extensões do homem**. São Paulo: Cultrix, 1999.

MELLONI, A. **Como se elege um papa:** a história do conclave. São Paulo: Paulinas, 2002.

MELO, C. H. **O design gráfico brasileiro**: anos 60. São Paulo: Cosac Naify, 2006.

MEGGS, P. B.; PURVIS, A. W. **História do design gráfico**. São Paulo: Cosac Naify, 2009.

MIRA, M. C. **O leitor e a banca de revistas**: a segmentação da cultura no século XX. São Paulo: Olho d'Água: Fapesp, 2001.

MIRZOEFF, N. **An introduction to visual culture**. London: Routledge, 2000.

MORAES, A. **Infografia**: o design da notícia. 1998. Dissertação (mestrado) – Departamento de Artes e Design, PUC-Rio, Rio de Janeiro, 1998.

_____. O redesenho de jornais impressos e seus atores. **Estudos em Design,** Rio de janeiro, v. 4, n. 1, p. 81-88, 1996.

_____. Ler jornais: reflexões sobre a significação da página. **Estudos em Design,** Rio de janeiro, v. 5, p. 37-46, dez. 1998.

_____. O papa sofredor: ensaio sobre o discurso iconográfico nos infográficos usados nos jornais impressos para a cobertura da morte de João Paulo II. In: ENCONTRO NACIONAL DE PESQUISADORES EM JORNALISMO, 3., UFSC, Florianópolis, 2005. **Anais...** Florianópolis: SBPJor, 2005.

_____. Reflexões sobre a formação do design de notícias. In: CONGRESSO BRASILEIRO DE PESQUISA & DESENVOLVIMENTO EM DESIGN, 8., São Paulo, 2008. **Anais...** São Paulo: AEnD-BR – Senac, 2008.

_____. A forma da notícia. In: FELIPPI, A.; SOSTER, D. A.; PICCININ, F. (Org.). **Edição de imagens em jornalismo.** Santa Cruz do Sul: EDUNISC, 2008. p. 241-251.

Referências bibliográficas

MORAIS, F. **Chatô, o rei do Brasil**. São Paulo: Companhia das Letras, 1994.

MOLES, A. A. Objeto e comunicação. In: MOLES, A. A. et al. **Semiologia dos objetos**. Petrópolis: Vozes, 1972. p. 9-41.

MOREL, M.; BARROS, M. M. **Palavra, imagem e poder**: o surgimento da imprensa no Brasil do século XIX. Rio de Janeiro: DP&A, 2003.

MORIN, E. **Cultura de massas no século XX**: o espírito do tempo 1: neurose. Rio de Janeiro: Forense Universitária, 1987.

MORISON, S. The english newspaper. In: POPKIN, J. D. Jornais. A nova face das notícias. In: DARNTON, R.; ROCHE, D. (Org.). **Revolução impressa**: a imprensa na França – 1775-1800. São Paulo: Edusp, 1996.

MUNTEAL, O.; GRANDI, L. **A imprensa na história do Brasil**: fotojornalismo no século XX. Rio de Janeiro: PUC-Rio: Desiderata, 2005.

NIEMEYER, L. **Design no Brasil**: origens e instalação. Rio de Janeiro: 2AB, 1997.

_____. **Elementos de semiótica aplicados ao design**. Rio de Janeiro: 2AB, 2003.

NOBLAT, R. **A arte de fazer um jornal diário**. São Paulo: Contexto, 2002.

NORTHRUP, K. The paged media. **WAN-IFRA journal**, Paris, p. 3, 2007. Disponível em: <http://www.nxtbook.fr/nxtbooks/ifra/2007_fpbook_e/index.php>. Acesso em: 14 abr. 2009.

NUNES, L. Quando a folha se tornou a folha. **Observatório da Imprensa**, São Paulo, n. 336, 4 jul. 2005. Disponível em: <http://www.observatoriodaimprensa.com.br/artigos.asp?cod=336MCH001>. Acesso em: 26 mar. 2010.

O'DONNELL, M. Design comes to the newsroom. **Design**, [S.L.], p. 40-49, fall/winter 2009.

OLIVEIRA, E. In: SANDRONI, C. **Melhor todo dia**: 50 anos de *O Dia* na história do Rio de Janeiro. Rio de Janeiro: O Dia, 2001. p. 101.

PAPANEK, V. Renovar as coisas e torná-las belas. In: CALÇADA, A. et al. (Org.). **Design em aberto**: uma antologia. Porto: Centro Português de Design, 1993. p. 215.

PEVSNER, N. **Os pioneiros do desenho moderno**: de William Morris a Walter Gropius. São Paulo: Martins Fontes, 1980.

PINTO, M. J. **Comunicação e discurso**: introdução à análise de discursos. São Paulo: Hacker Editores, 2002.

POPKIN, J. D. Jornais: a nova face das notícias. In: DARNTON, R.; ROCHE, D. (Org.). **Revolução impressa**: a imprensa na França, 1775-1880. São Paulo: Edusp, 1996. p. 195-223.

QUINTERO, A. P. **História da imprensa**. Lisboa: Planeta Editora, 1996.

RIBEIRO, A. P. G. **Imprensa e história no Rio de Janeiro dos anos 1950**. Rio de Janeiro: e-Papers, 2007.

_____. Modernização e concentração: a imprensa carioca nos anos 1950-1970. In: NEVES, L. M. B. P.; MOREL, M.; FERREIRA, T. M. B. C. (Org.). **História e imprensa**: representações culturais e práticas de poder. Rio de Janeiro: DP&A: Faperj, 2006.

RIZZINI, C. **O jornalismo antes da tipografia**. São Paulo: Companhia Editora Nacional, 1977.

SANDRONI, C. **Melhor todo dia**: 50 anos de *O Dia* na história do Rio de Janeiro. Rio de Janeiro: Editora O Dia, 2001.

SILVA, R. S. **Diagramação**: o planejamento visual gráfico na comunicação impressa. São Paulo: Summus, 1985.

_____. **Controle remoto de papel**: o efeito do *zapping* no jornalismo impresso diário. São Paulo: Annablume; Fapesp, 2007.

SILVA, C. E. L. da. **Mil dias**: seis mil dias depois. São Paulo: Publifolha, 2005.

_____. **O adiantado da hora**: a influência americana sobre o jornalismo brasileiro. São Paulo: Summus, 1991.

SILVERSTEIN, L. Design is a "hit tune". **Design: the journal of the Society of Newspaper Designers**, Baltimore, n. 1, mar. 1980.

SND. 25 influential moments in news design. **Design**, Rhode Island, n. 92, fall 2004.

Referências bibliográficas

_____. Remembering Ed Arnold. Journalist, teacher, pioneer: the father of newspaper design. **Design**, Rhode Island, n. 102, p. 14-33, spring 2007.

SINDICATO DAS INDÚSTRIAS GRÁFICAS DO RIO DE JANEIRO. **Indústria gráfica no Rio de Janeiro:** um elo entre passado e futuro. Rio de Janeiro: Sigraf, 1993.

SODRÉ, N. W. **História da imprensa no Brasil.** Rio de Janeiro: Mauad, 1999.

_____. **Síntese de história da cultura brasileira.** Rio de Janeiro: Civilização Brasileira, 1977.

SODRÉ, M. **A narração do fato:** notas para uma teoria do acontecimento. Petrópolis: Vozes, 2009.

_____. O globalismo como neobarbárie. In: MORAES, D. (Org.). **Por uma outra comunicação:** mídia, mundialização cultural e poder. Rio de Janeiro: Record, 2003. p. 21-40.

SOUZA, P. L. P. **Notas para uma história do design.** Rio de Janeiro: 2AB, 2008.

SWANSON, G. **2005:** a design odyssey. Cincinnati: F&W Publications, 1996.

TRAQUINA, N. **Teorias do jornalismo:** porque as notícias são como são. Florianópolis: Insular, 2001.

_____. **O estudo do jornalismo no século XX.** São Leopoldo: Unisinos, 2001.

WEINGART, W. **Como se pode fazer tipografia suíça?** São Paulo: Editora Rosari, 2004.

WHITE, J. **Edição e design:** para designers, diretores de arte e editores. São Paulo: JSN Editora, 2006.

WILD, L. **That was then, and this is now:** but what is next? Sacramento: Emigré, 1996.

YIN, R. K. **Estudo de caso:** planejamento e métodos. Porto Alegre: Bookman, 2005.

ZAPPATERRA, Y. **Diseño editorial:** periódicos y revistas. Barcelona: Gustavo Gili, 2008.

Periódicos

Allentown Morning Call, Allentown, 10 de janeiro de 1980, p. 1.

Allentown Morning Call, Allentown, 24 de janeiro de 1980, p. 1.

Correio Braziliense, Brasília, DF, 13 de dezembro de 1998, p. 1.

Correio Braziliense, Brasília, DF, 13 de novembro de 2002, p. 1.

El País, Madrid, 12 de setembro de 2001, p. 1.

Emigre, Sacramento, n. 39, 1996.

Estado de Minas, Belo Horizonte, 1996, p. 1.

Extra, Rio de Janeiro, 14 de outubro de 2010, p. 1.

Folha de S.Paulo, São Paulo, 7 de agosto de 1978.

Folha de S.Paulo, São Paulo, 26 de abril de 1988, p. 1.

Folha de S.Paulo,, São Paulo, 3 de abril de 2005.

Folha de S.Paulo, São Paulo, 30 de outubro de 2006, p. 1.

Folha de S.Paulo, São Paulo, 14 de outubro de 2010, p. 1.

How, F&W Publications: Cincinnati, 1996.

Jornal do Brasil, Rio de Janeiro, 12 de novembro de 1956, p. 1.

Jornal do Brasil, Rio de Janeiro, 2 de junho de 1959, p. 1.

Jornal do Brasil, Rio de Janeiro, 22 de junho de 2009, p. 1.

O Dia, Rio de Janeiro, 5 de julho de 1992, p. 1.

O Dia, Rio de Janeiro, 13 de agosto de 1995, p. 1.

O Dia, Rio de Janeiro, 22 de novembro de 1998, p. 1.

O Dia, Rio de Janeiro, 27 de dezembro de 2004, p. 1.

O Dia, Rio de Janeiro, 8 de novembro de 2008, p. 1.

O Dia, Rio de Janeiro, 14 de outubro de 2010, p. 1.

O Estado de S. Paulo, São Paulo, 8 de agosto de 1978.

Referências bibliográficas

O Estado de S. Paulo, São Paulo, 21 de julho de 1995, p. 1

O Estado de S. Paulo, São Paulo, 12 de março de 2004, p. 1.

O Estado de S. Paulo, São Paulo, 3 de abril de 2005.

O Estado de S. Paulo, São Paulo, 30 de outubro de 2006, p. 1.

O Estado de S. Paulo, São Paulo, 7 de abril de 2010, p. 1.

O Globo, Rio de Janeiro, 7 de agosto de 1978.

O Globo, Rio de Janeiro, 2 de janeiro de 1995, p. 1.

O Globo, Rio de Janeiro, 28 de novembro de 1995, p. 1.

O Globo, Rio de Janeiro, 28 de abril de 1996, p. 1.

O Globo, Rio de Janeiro, 11 de setembro de 2001, p. 1.

O Globo, Rio de Janeiro, 3 de abril de 2005.

The Best of Newspaper Design, Rhode Island, n. 20, 1999.

The Best of Newspaper Design, Rhode Island, n. 22, 2001.

The Detroit News, Detroit, 17 de janeiro de 1991, p. 1.

The New York Times, New York, 29 de janeiro de 1986, p. 1.

The New York Times, New York, 12 de setembro de 2001, p. 1.

USA Today, Arlington, 15 de setembro de 1982, p. 1.

USA Today, Arlington, 29 de janeiro de 1986, p. 1.

O ESTADO DE S. PAULO

DOMINGO

Morre João Paulo II após longo martírio

"Nosso santo padre voltou para a casa do Pai", anunciou o Vaticano para a multidão na praça

LEGADO – Em 26 anos de papado, João Paulo II impôs seu estilo conservador em questões morais e cumpriu a missão que chamou para si, de conduzir a Igreja Católica; sucessor será escolhido em até 35 dias

Depois de longa agonia, morreu às 21h37 de Roma (16h37 de Brasília), aos 84 anos, o papa que governou os católicos por 26 anos, o terceiro maior pontificado da história da Igreja. O polonês Karol Wojtyla percorreu 132 países, entre eles o Brasil, onde esteve três vezes, sempre seguido por multidões. "Nosso santo padre voltou para a casa do Pai", anunciou o arcebispo Leonardo Sandri para as 100 mil pessoas que estavam na Praça de São Pedro. Seguiu-se longo aplauso. Depois, silêncio e choro. Terminava um flagelo de doenças que culminou com infecção generalizada. Com seu carisma, o papa ampliou a influência do Vaticano, colaborando decisivamente para o fim de regimes socialistas do leste europeu. Defensor intransigente da doutrina, editou 14 encíclicas erguendo barreiras contra as mudanças de costumes. Condenou o uso de preservativos, apesar da pandemia da aids, foi contra pesquisas com células-tronco de embriões para cura de doenças e combateu o aborto.

● CADERNO ESPECIAL

Enterro deve ser realizado até sexta-feira

HOMENAGENS: A data do enterro deve ser definida hoje. Pela regra, precisa ocorrer de quatro a seis dias depois da morte. Os fiéis poderão dar adeus ao papa a partir de amanhã na Basílica de São Pedro – o corpo fica exposto por três dias. As ruas em torno da praça já foram fechadas. Roma espera 2 milhões de pessoas para as cerimônias. ● PÁGS. H2 E H3

Lula decreta 7 dias de luto; um campeão da paz, diz Bush

O presidente Lula decretou sete dias de luto no Brasil pela morte do papa. Em nota oficial, ele lamentou a perda. "A morte de João Paulo II entristece profundamente o povo brasileiro, que tinha pelo Santo Padre grande afeto", disse Lula, que deve ir ao Vaticano para os funerais. Lideranças ao redor do mundo também lamentaram a morte. "A Igreja Católica perdeu seu pastor. O mundo perdeu um campeão da paz e da liberdade", disse o presidente dos Estados Unidos, George W. Bush. O anglicano Tony Blair destacou a liderança do homem "reverenciado por todos os povos, de todas as fés e de nenhuma fé". Na Itália, o primeiro-ministro, Silvio Berlusconi, determinou três dias de luto oficial. ● PÁGS. H5 E H6

Governo
Fiel a Dirceu, Waldomiro critica Planalto
■ O ex-subchefe da Casa Civil, Waldomiro Diniz, fala ao Estado e revela fidelidade ao amigo e ministro José Dirceu. E critica seus sucessores na articulação política. ● PÁG. A6

Chacina no Rio
Testemunha de massacre reconhece PM
■ O soldado Fabiano Gonçalves Lopes foi reconhecido por uma testemunha do massacre, com 30 mortos, no Rio e teve pedida a prisão temporária. ● PÁGS. C1 E C3

Campeonato Paulista
São Paulo e Santos, clássico que vale o título
■ São Paulo precisa de apenas um empate para sagrar-se campeão hoje, em Mogi-Mirim. Corinthians, em segundo lugar, tem de vencer o Ituano para manter chances. ● PÁGS. E1 E D4

O gigante da fé
João Paulo II encerrou a sua missão. Coube-lhe a difícil tarefa de aplicar a autêntica renovação propugnada pelo Concílio Vaticano II. Seu pontificado foi um testemunho de fé e coragem. ● PÁG. A3

Folha de S.Paulo

São Paulo, domingo, 3 de abril de 2005

DIRETOR DE REDAÇÃO: OTAVIO FRIAS FILHO ★ ★ ★ UM JORNAL A SERVIÇO DO BRASIL ★ ALAMEDA BARÃO DE LIMEIRA, 425 ★ ANO 85 ★ Nº 27.759 ★ R$ 3,50

Morre João Paulo 2º

★ *Morte do papa em seus aposentos, às 16h37 de ontem, foi anunciada pelo Vaticano depois de longa agonia em público*

★ *No terceiro maior papado da história, pontífice visitou 129 países, influiu no fim do comunismo e teve ação conservadora*

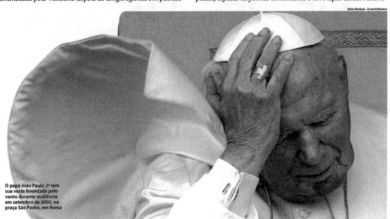

O papa João Paulo 2º tem sua veste levantada pelo vento durante audiência em setembro de 2002, na praça São Pedro, em Roma

CLÓVIS ROSSI
ENVIADO ESPECIAL A ROMA

O papa João Paulo 2º, 84, morreu às 16h37 de ontem (horário de Brasília), em seus aposentos, conforme anúncio do Vaticano. Ele sofria de várias doenças, e seu estado de saúde se agravou seriamente ao longo dos últimos dias. Desde a semana passada, vinha sendo alimentado por sonda nasal; em fevereiro, já fora submetido a traqueostomia. Segundo seu porta-voz, mesmo agonizando, o papa conseguiu articular seus agradecimentos aos jovens que rezavam por ele na praça São Pedro. Líderes mundiais manifestaram pesar pela morte. O Vaticano tem de quatro a seis dias para fazer seus funerais e de 15 a 20 dias para convocar um consistório, reunião de cardeais que terão a tarefa de eleger o novo papa.

Chefe espiritual de 980 milhões de católicos em todo o mundo, João Paulo 2º foi um dos mais importantes líderes mundiais dos últimos cem anos. Nascido em 18 de maio de 1920, o polonês Karol Wojtyla foi escolhido em outubro de 1978 para um pontificado que durou mais de 26 anos, o maior do século 20 e o terceiro mais longo do catolicismo. Wojtyla foi o primeiro pontífice não-italiano em 455 anos e o primeiro de origem eslava.

Desde a sua primeira visita à Polônia como papa, em 1979, influiu decisivamente na desestabilização dos regimes comunistas no Leste Europeu, que acabaram por ser extintos no final dos anos 80. Em 1981, sobreviveu a um atentado a tiros. Visitou 129 países (inclusive o Brasil, três vezes, em 1980, 1991 e 1997) e percorreu mais de 1,2 milhão de quilômetros; nenhum papa viajou tanto.

O pontífice usou variados meios de comunicação para divulgar sua mensagem e criou imagens marcantes, como o gesto de se abaixar para beijar o solo dos países que visitava. Seu papado foi marcado por posições vistas como ideologicamente conservadoras, como a condenação ao uso de preservativos mesmo diante da Aids.

Em encíclicas, reprovou com veemência aborto, eutanásia e pesquisas com embriões humanos, métodos que chamou de "cultura da morte". Valorizou a hierarquia, puniu dissidentes e impôs derrotas a setores ditos "progressistas". Enfrentou denúncias de casos de pedofilia entre padres, sobretudo nos EUA. Foi o primeiro líder católico a entrar numa sinagoga e numa mesquita; pediu perdão por erros da igreja e dialogou com protestantes, judeus e muçulmanos.

Especial João Paulo 2º

Arcebispo de São Paulo é citado entre favoritos

O cardeal d. Cláudio Hummes, arcebispo de São Paulo, surge nas principais listas de candidatos a suceder João Paulo 2º nos jornais da Itália. Descrito como defensor de uma linha mais social para a igreja, mas moderado em relação aos "teólogos da libertação", ele é um dos quatro citados pelo vaticanista Marco Politi, do "La Repubblica". D. Cláudio disse ter perdido com a morte do papa "um exemplo de santidade" e "um irmão". **Pág. 6**

OPINIÃO - Leia o editorial "João Paulo 2º", na pág. A2.

Casal se abraça na praça São Pedro pouco depois do anúncio da morte do papa

Em vazio de líderes, ex-ator assumiu papel

CARLOS HEITOR CONY
COLUNISTA DA FOLHA

O palco estava preparado para o surgimento de um grande ator que faltava ao mundo. Em um vazio de lideranças, no espaço que a era eletrônica tornou definitivamente instantâneo, a igreja saiu à frente com seu colorido, vigoroso e inesperado chefe. Nenhum outro homem falaria tanto ao mundo como João Paulo 2º. Ao mesmo tempo, nunca um homem na Terra falou tanto do homem que não é desta Terra. **Pág. Esp. 7**

ÍNDICE
www.folha.com.br
Esta edição tem 234 páginas - 425.558 exemplares

ATMOSFERA Pág. C6
Sol na capital
Mín. 20°C Hú um erro 11,5°C
Máx. 30°C Hú um ano 26,5°C

Testemunha reconhece acusado de crime no RJ

Segundo a Polícia Civil, uma testemunha reconheceu um policial militar como participante do massacre de 30 pessoas, na noite de quinta, nas cidades de Queimados e Nova Iguaçu (Baixada Fluminense, região metropolitana do Rio). O outro PM detido como suspeito do crime não foi reconhecido pela testemunha. Ambos negaram as acusações.

O chefe da Polícia Civil do Rio, Álvaro Lins, disse que pedirá prisão temporária do PM reconhecido. Duas vítimas, Marcos Vinícius de Andrade, 15, e Francisco José da Silva Neto, 34, foram enterradas em Queimados, em meio ao desespero de familiares. Russos ao que aconteceu a matança estão sendo policiamento. **Cotidiano**

Leia coluna de Janio de Freitas na pág. A11.

Morte de Schiavo opõe os poderes laico e religioso

Confira nossas ofertas no Caderno **Dinheiro**

Empate garante título antecipado para o São Paulo
Pág. D1

A Hyundai tem o melhor carro do mundo segundo pesquisa.

Veja na página 5.

HYUNDAI
Sempre ao seu lado.

FOLHA DE S.PAULO

O papa Paulo 6.º está morto

O chefe da Igreja Católica sofreu um ataque cardíaco quando rezava

"Com profunda angústia e dor, temos de informar de que o papa Paulo morreu às 21 e 40 de hoje, domingo, dia 6 de agosto". Com essas palavras, o porta-voz do Vaticano, Pierfranco Pastore, anunciava ontem a morte de Paulo 6.º, aos 80 anos de idade, em consequência de um ataque cardíaco, sofrido três horas antes, quando rezava em seus aposentos.

Várias vezes nos últimos meses, o papa previra a aproximação de sua morte. Há alguns dias atrás, durante uma cerimônia religiosa, enunciou que o momento não podia estar muito distante.

Com o desaparecimento de Paulo 6.º, o cardeal Jean Villot, "camerlengo", assume a direção da Igreja, até que o Sacro Colégio de Cardeais eleja o novo papa.

Haverá um período oficial de luto de nove dias, durante o qual o corpo permanecerá em câmara ardente, na Basílica de São Pedro, onde amanhã será celebrada a primeira missa em sufrágio do papa.

O conclave que elegerá o novo chefe da Igreja deverá ser realizado no prazo de 15 dias. Há mais de 130 cardeais no Sacro Colégio, mas apenas 115 deles podem votar. Além disso, um edito de Paulo 6.º, limitando a idade para a eleição, torna mais de 60 cardeais inelegíveis.

Três cardeais italianos e três de outras nacionalidades são mencionados como os mais prováveis ocupantes do trono de São Pedro.

Os italianos são o cardeal Sérgio Pignedoli, Sebastião Baggio e Giovanni Benelli, e os estrangeiros são o argentino Eduardo Pirônio, o austríaco Franz Koenig e o alemão Johannes Willebrands.

Baggio, de 65 anos, é prefeito da Congregação para Bispos, diplomata experimentado que serviu na América Latina e Europa. Não se identifica, nem com a ala conservadora e nem com a liberal da Igreja.

Benelli, de 57 anos, foi sucessor direto de Paulo 6.º como subsecretário de Estado do Vaticano. É identificado com a ala conservadora.

Pignedoli, de 68 anos, é o presidente do Secretariado para Não-cristãos. Nos meios eclesiásticos é considerado progressista. Propõe-se estreitas relações com o credo islâmico e com outras do terceiro mundo.

O argentino Eduardo Pirônio, de 58 anos, de ascendência italiana, é o diretor da Congregação para Religiosos, órgão que supervisiona as atividades de sacerdotes e missionários.

O cardeal Franz Koenig, arcebispo de Viena, tem papel importante nos esforços que Paulo 6.º desenvolveu para melhorar as relações com a Igreja da Europa Oriental. Tem, contudo, 75 anos de idade.

Johannes Willebrands, de 69 anos, arcebispo de Utrecht, tem vasta experiência pastoral e esteve no Vaticano como secretário da Congregação para a Unidade Cristã. É considerado progressista.

Assim que a notícia da morte de Paulo 6.º foi divulgada, milhares de romanos dirigiram-se à Praça São Pedro para rezar.

Em Brasília, o presidente Geisel decretou luto oficial de três dias e enviou mensagens de condolências a Roma, em nome do povo e do Governo brasileiro.

A Frente sofre um grande susto

Serão de mim, Magalhães segura forte a mão de uma Berenice que, de olhos fechados, reza profundamente. Ulysses e Tancredo, impassíveis, olham em frente sem piscar a uma. Teotônio aperta ao máximo o cinto e Rafael deixa o pescoço sobre os joelhos. Maura Benevides olha pela janela em silêncio. Dentino Cunha Lima, vermelho, chama a secretária, pede detalhes. Ela repete a mesma coisa a toda rápido para a cabine. Na frente, uma mulher chora, mas chora baixo. A seu lado, uma cigana lê da mão treme e reza forte, só olhos fechados.

Esse é um trecho do relato do jornalista Sebastião Nery que se encontrava sobre a bordo do avião da Vasp que decorreu levando os principais Nomes da Frente Nacional de Redemocratização de Brasília para Goiânia, sede participaram de importante encontro.

O aparelho sofreu uma pane no sistema hidráulico e de óleo, assim que levantava vôo da capital federal, com 2 horas de atraso.

Fazia-se cerca de 3 horas quando os passageiros encaravam a bordo o senador Magalhães Pinto e sua mulher, dona Berenice, os deputados Ulysses Guimarães e Tancredo Neves, os senadores Marco Benevides e Ivandro Cunha Lima; além de Rafael de Almeida Magalhães e vários jornalistas.

O general Euler Bentes Monteiro e o senador Nascimento Freire e Roberto Saturnino haviam seguido de automóvel para o encontro de Frente em Goiânia.

Em pane a angústia e tensão dos passageiros, o aparelho da Vasp retornou ao aeroporto de Brasília, conseguindo pousar, enquanto todos já estavam preparados para o pior.

Os políticos da Frente, contudo, não se intimidaram. Tomaram um táxi-aéreo e, em mais de quatro horas de viagem, partiram para o encontro de Goiânia.

PAG. 4

Cavalo de criação nacional, o vencedor do GP Brasil

O cavalo Sunset, de criação brasileira, venceu com extrema facilidade o GP Brasil, com 3 corpos de vantagem à Fazenda Mondesir, que também ganhou o prêmio anterior — GP Presidente da República — e com o cavalo Trianca. A vitória do Sunset foi incontestável e a briga foi pela segunda lugar, nos pontos Esmée com o cavalo Euro. Big Lark e Dolla completavam a montaria do GP Brasil deste ano, que teve uma situação divertida de delegado estrangeira. Jóquei Campinas Palla de Almeida, que levou Sunset para o intermediário, ainda pela equipe do GP Brasil — anteriormente foi com o cavalo Janis.

CADERNO DE ESPORTES

Tempo bom

O tempo hoje será bom, sem figuras anomalias de nebulosidade e chuva devido ao período de manhã. A temperatura estará estável.

Percentual da gasolina será decidido hoje

Os ministros Mário Henrique Simonsen, da Fazenda, Reis Velosa, do Planejamento, e Shigeaki Ueki, das Minas e Energia, voltarão a se reunir hoje, em Brasília, para debater os percentuais do aumento dos derivados do petróleo, em especial da gasolina.

Segundo fontes do Ministério das Minas e Energia, há duas tendências quando o assunto ser um aumento mínimo de 6%, o que faria a gasolina comum passar a custar Cr$ 7,70; e uma outra, 12,33%, que elevaria o preço do litro a Cr$ 8,30.

O último prazo para a entrada em vigor dos novos preços, segundo o decreto que regulamenta o aumento dos preços, é o próximo dia 20.

Esta semana a definição da lei antigreve

Ainda esta semana, o presidente Geisel deverá baixar decreto definindo as indústrias básicas, especial à segurança nacional, em que a greve está proibida.

Entre elas estarão incluídas várias empresas estatais, especialmente as do setor petroquímico e de construção de minérios. É possível também que o ministro do Trabalho, Arnaldo Prieto, baixe uma portaria para explicitar de todos que caracterizam, de estender do Governo, um momento da greveista.

O decreto to anunciado pelo Planalto sexta-feira considera greve também a "redução do ritmo de trabalho". A chamada "greve tartaruga" até hoje não tem definição em termos legais.

PAG. 4

Palmeiras e Guarani os finalistas da Copa

O futebol paulista está em festa. Palmeiras e Guarani classificaram-se para a finalíssima do Campeonato Brasileiro, que será disputada em duas partidas, quarta-feira à noite no Morumbi e domingo em Campinas, no Estádio Brinco de Ouro da Princesa. O Guarani decidiu o título em casa porque no longo da competição somou mais pontos que o Palmeiras, o que faz ele levantar a vantagem de jogar pelo empate. O Guarani merece esse vantagem depois de vencer o Vasco por 2 a 0 no meio da semana, em Campinas. No Rio, ontem, podendo até perder por um gol de diferença — mas jogou para ganhar e, com dois gols de Zenon, lebou cinicamente na praia de 100 mil pessoas que foram ao Maracanã torcer pela equipe guaricá. O Vasco marcou um gol, Guanila o placar em 2 a 1, quando o jogo já terminava e o Guarani tinha sua classificação garantida.

O Palmeiras sofreu um pouco mais em Porto Alegre, tomou um gol ainda no primeiro tempo, mas teve forças para, no segundo tempo, chegar à finalíssima da Copa Brasil, que pela primeira vez será decidida no interior.

CADERNO DE ESPORTES

O GLOBO

80 anos

IRINEU MARINHO (1876-1925) • RIO DE JANEIRO, DOMINGO, 3 DE ABRIL DE 2005 • ANO LXXX • Nº 26.172 • www.oglobo.com.br • ROBERTO MARINHO (1904-2003)

NESTA EDIÇÃO, CADERNO ESPECIAL

Adeus, João de Deus

A lenta e comovente agonia do Papa João Paulo II, de 84 anos, chegou ao fim às 21h37m de ontem (16h37m em Brasília), encerrando 26 anos de pontificado, o terceiro mais longo da História. Na Praça de São Pedro, mil fiéis reagiram com um longo aplauso, seguido de silêncio e choro, relatam **DEBORAH BERLINCK** e **GINA DE AZEVEDO MARQUES**, do Vaticano. As últimas palavras do Papa peregrino, que visitou três vezes o Brasil, foram dirigidas aos jovens: "Eu busquei vocês. Agora vocês vêm a mim. Eu agradeço". O corpo será exposto aos católicos amanhã.

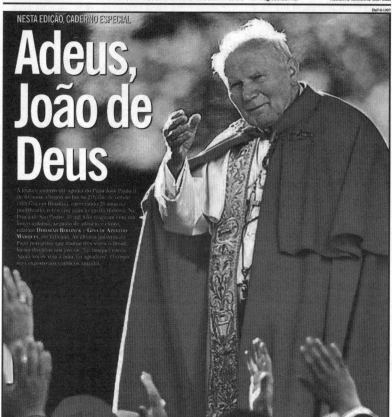

COMO SERÁ ESCOLHIDO O NOVO PAPA

1 Após a morte
O Camerlengo (cardeal que governa interinamente a Igreja até que o Papa seja escolhido) anuncia a morte, sela os apartamentos papais e prepara o enterro.

2 Preparativos
Cardeais de todo o mundo viajam ao Vaticano para eleger o novo pontífice num processo que se inicia de 15 a 20 dias após a morte do Papa. Durante o conclave eles ficarão totalmente isolados.

3 O processo
Cada cardeal dá seu voto secreto por escrito na Capela Sistina. Depois da contagem, os votos são queimados com substâncias químicas para produzir as fumaças preta (quando não foi escolhido) ou branca (quando o papa é escolhido).

4 O resultado
A votação continua até que um candidato receba mais de dois terços dos votos. Se não houver vencedor depois de 30 votações, o novo Papa é eleito por maioria simples.

5 O novo Papa
Depois que o vencedor aceita sua escolha, um cardeal declara "Habemus Papam!" (Temos papa!) da sacada do Vaticano.

CHICO
— Podem deixar que daqui pra frente eu dirijo...

3ª EDIÇÃO

R$ 3,00

Dois policiais militares suspeitos da chacina na Baixada são detidos

● Dois policiais do 24º BPM (Queimados) foram detidos ontem sob suspeita de participação na chacina da Baixada. Eles foram apontados como autores da matança de 30 pessoas em informações passadas ao Disque-Denúncia, que recebeu 172 ligações desde quinta-feira. Um dos PMs, Fabiano Gonçalves, foi reconhecido por uma testemunha. Há outros sete policiais sendo investigados. Em Niterói, Marcelo de Oliveira Carvalho, de 22 anos, foi morto a tiros na madrugada de ontem durante uma festa na Faculdade de Direito da UFF. **Páginas 19 a 23**

MORREU O PAPA

O GLOBO
FUNDAÇÃO DE IRINEU MARINHO

Convenção homologa chapa oficial do MDB fluminense

O MDB fluminense homologou ontem, em convenção regional, a chapa composta pela Executiva do partido com 140 candidatos para deputado estadual e 92 para deputado federal. Também, escolheu os seus três candidatos à única vaga das eleições diretas para o Senado. O mais votado foi o Senador Nelson Carneiro. A segunda legenda ficará com o Deputado Federal Ario Theodoro e a terceira, com o Senador Benjamim Farah. O Senador Amaral Peixoto afirmou que não irá mais procurar o ex-Governador Chagas Freitas para entendimentos e condicionou a manutenção do acordo entre ambos à recomposição da chapa de candidatos a deputado, na proporção combinada por escrito. (Página 5)

Sunset, vitória brasileira

Sunset (foto), cavalo nacional da criação das Fazendas Mondesir, venceu ontem o Grande Prêmio Brasil é igualou o recorde dos 2400 metros, com 143s1/3. Gonçalino Feijó de Almeida, o jóquei de Sunset, foi o grande ganhador da tarde; também montou Triareo, o vencedor da milha do GP Presidente da República, a outra prova internacional no Hipódromo da Gávea. (Páginas 28 e 34)

Guarani e Palmeiras na decisão

Guarani e Palmeiras iniciam quarta-feira, às 21 horas, no Morumbi, em São Paulo, a decisão do Campeonato Brasileiro de 1978. Ontem, no Rio, o Vasco, que tem a última partida em competição, foi eliminado, ao ser derrotado pelo Guarani por 2 a 1, quando precisava de vencer por diferença mínima de dois gols. Em Porto Alegre, o Internacional, na mesma situação do Vasco, vencia Falcão — com três cartões amarelos — graças a uma liminar conseguida na Justiça comum, mas não passou de um empate de 1 a 1 com o Palmeiras. A segunda partida da decisão será domingo, em Campinas. (Páginas 30, 31 e 33)

Fogo destrói mais de 100 barracos no Jacarezinho

Um incêndio destruiu, ontem à noite, mais de cem barracos na Favela do Jacarezinho, deixando cerca de 500 pessoas desabrigadas. Até as últimas notícias desta edição. Não há notícias de mortos, mas 30 pessoas foram socorridas com intoxicação causada pela fumaça e crises nervosas, três delas com queimaduras de 1º, 2º e 3º graus. O fogo começou quando um aparelho de televisão explodiu, num dos barracos, alastrando-se rapidamente aos demais. Os bombeiros evitaram que o fogo atingisse um depósito onde estão estocados 12 mil litros de gasolina. (P.11)

O fogo se alastrou rápido e poucos depois mais de cem barracos estavam arrasados

NESTA EDIÇÃO / EXCLUSIVO

Woody Allen surpreende: faz um drama

Woody Allen surpreende na estréia de "Interiores", filme sombrio, profundo e intelectual, um drama de adultos, onde a morte. Em entrevista exclusiva ao GLOBO, Woody Allen se mete na consciência quando as possibilidades de sucesso, afirmou, e por isso há que se procurar e se consagrar na comédia. (Página 33)

A medicina em crise

QUANDO TERMINARAM em todo o País as provas dos médicos residentes, deixou a resposta já se repetir à esperada em uma diária é aparente outra questão financeira. Trata-se ao poder de saber que tamanho de remuneração se pode dar em cada caso, e os foro são bastante para fazer os genéticos voltarem ao trabalho.

NESSES TERMOS, tudo se resolveu, mal se bem, a situação se normalizou — com o contudo, que na pretensão das verbas disponíveis. É claro se permitiu que o medicamento empregado em classe mais atitudes tem todos no emprego.

OU SEJA, deu-se solução a um problema de reivindicação salarial, naturalmente aprovada por sofrer uma atividade essencial ao interesse público. Mas em momento algum considerou-se que ali evitasse o ponto do sofrer da grande crise da medicina brasileira.

NOS ÚLTIMOS DIAS, O GLOBO tem ouvido diversos médicos, de lideranças da classe à confiância em seus problemas. Há consenso quanto à existência da crise e à sua gravidade.

OS DADOS da geração de crise são óbvios de entender. Em primeiro lugar, a quantidade excessiva de médicos formados no País em anos recentes, 15 anos, o total de recém-diplomados era de 1.000; no ano passado foi de nove mil. Não vem ao caso comparar esse número com a quantidade de profissionais de que o Nação inteira precisa, pela simples razão de que a grande maioria permanece nos grandes centros urbanos, sem esforço as condições de se fixar no interior.

SERIA necessário que o Governo, de parte da própria sociedade de Medicina e Cirurgia do Rio de Janeiro, alertasse as condições para sua melhor distribuição pelo território nacional, estimulando a ida dos médicos a pontos remotos, à proporcionalidade, interessantíssimos hóbitos das regiões carentes. Este é um problema de sociedade brasileira levada anos para ser resolvido, a exigem combate rápido e em mais de uma frente.

QUANTO ao ensino, há estudos, inclusive na Comissão de Ensino Médico do MEC, no sentido de reduzir o número de escolas, de formas a restabelecer à proporcionalidade imposta pelo número médico reconhecido comissão. Pois parece, a desnacionalização — em todo ceo em boa senso e não há ninguém — contribuem também para competitividade e escassez de trabalho com as possibilidades de emprego.

SIMULTANEAMENTE, poderá ser estudada a formação das chamadas "médicos de pés descalços", em modestos profissionais do chamado profissional habilitada a curto prazo (três anos, por exemplo) a capazes de resolver a maioria dos problemas de medicina e saúde pública dos pequenos comunidades rurais.

ENQUANTO ISSO, nos grandes cinturões, caberia ao Estado — o grande empregador de médicos — recuadar as condições em que atuam os pacientes de seus organismos assistenciais.

DE NADA adiantará, como ocorreu a presidente da Sociedade de Medicina e Cirurgia, os assistentes que folhem em 116 milhões de consultas um ano, quando o médico passa menos de três minutos com cada paciente — porque "não se pode cheirar o isso comunhão". E será possível chamar de médico a quem diz isso "consumi"?

COMO SE VÊ, a crise é abrangente: atinge o profissional, o que forneço, o trabalho que ele realiza. E, tratando-se de medicina, efeito do ressonância hão de atingirse-gire a trabalho, ou seja, a população como um todo. Será difícil encontrar no campo social, problema mais grave ou de solução mais urgente.

TESTE 402

Na opinião do meteorologista Oswald de Souza, o diretor de Náutico sobre o Campos Grande (colunas 2 no jogo 8) foi a grande cobra de teste 402 da Loteria Esportiva, e pretende em meio considerar resultado no sorteio do jogo 7, ocorrerão provável de vencedores, com 13 pontos, deverá ser baixos; sela, com um máximo de 15 e um mínimo de quatro. O líquido a ratear é de Cr$...

Europa em alerta contra palestinos

Fortes medidas de segurança foram adotadas em toda a Europa e em vários países do Oriente Médio, para evitar ataques de terror palestino, devido à esperança de um mês sendo travada entre os partidários de Yasser Arafat e os radicais da "Frente de rejeição", apoiada pelo Iraque. (Página 14)

Na Baixada, três mortes misteriosas

Um aposentado, um cabo da Polícia Militar e um desconhecido foram assassinados, ontem, na Baixada Fluminense — o primeiro com um tiro, o segundo com cinco e o último com 11 tiros. Os três assassinatos ocorreram em circunstâncias misteriosas. (Página 12)

Bebê de proveta deixa o hospital

O primeiro bebê de proveta do mundo, Louise Brown, e sua mãe, Lesley, receberam alta ontem do Hospital de Oldham, Inglaterra, e foram levadas, em ambulância, para local ignorado. A família quer evitar publicidade em torno da criança e da mãe, que estão com "perfeita saúde". (Página 18)

Eleição do sucessor começa em 20 dias

Dentro de aproximadamente 20 dias, o Sacro Colégio de Cardeais (do qual fazem parte seis brasileiros) iniciará o processo de escolha do sucessor de Paulo VI. Até lá, desde o momento da morte do Papa — à direção da Igreja Católica Cristã à entregue ao Secretário de Estado do Vaticano, Dom Villot, na qualidade de Cardeal Camerlengo. (P.17)

Luto oficial de 3 dias no Brasil

A morte do Papa Paulo VI foi lamentada em todo o Brasil, o maior país católico do mundo. O Ministro de Relações Exteriores, Azeredo da Silveira, informou que o Governo decretará luto oficial de três dias devido ao falecimento do Pontífice. Mensagens de pesar foram divulgadas por dirigentes, religiosos e políticos em todas as capitais brasileiras. (Página 18)